A vida de DAVI

A vida de DAVI

Como refletida em seus salmos

Alexander MacLaren

A vida de Davi — Como refletida em seus salmos
por Alexander MacLaren
Copyright © 2024 Publicações Pão Diário
Todos os direitos reservados.

Coordenação editorial: Adolfo A. Hickmann
Tradução: Dayse Fontoura
Revisão: Adolfo A. Hickmann, Lozane Winter, Marília Pessanha Lara
Imagem da capa: *Davi com a cabeça de Golias*, de Caravaggio (1605)
Coordenação gráfica e capa: Audrey Novac Ribeiro
Diagramação: Audrey Novac Ribeiro

Dados internacionais de Catalogação na Publicação (CIP)

MACLAREN, Alexander (1826-1910)
A vida de Davi — Como refletida em seus salmos
Tradução: Dayse Fontoura – Curitiba/PR, Publicações Pão Diário
Título original: *The life of David as reflected in his psalms*
1. Vida cristã   2. Salmos   3. Estudo bíblico   4. Antigo Testamento

---

Proibida a reprodução total ou parcial, sem prévia autorização, por escrito, da editora. Todos os direitos reservados e protegidos pela Lei 9.610 de 19/02/1998. Exceto se indicado o contrário, as citações bíblicas são extraídas da edição Nova Almeida Atualizada de João Ferreira de Almeida © 2017, Sociedade Bíblica do Brasil.

Publicações Pão Diário
Caixa Postal 9740
82620-981 Curitiba/PR, Brasil
publicacoes@paodiario.org
www.publicacoespaodiario.com.br
Telefone: (41) 3257-4028

Código: QS387
ISBN: 978-65-5350-397-7

1.ª edição: 2024

Impresso na China

Sumário

Introdução 15

Capítulo 1
Os primeiros dias (Parte 1) 25

Capítulo 2
Os primeiros dias (Parte 2) 39

Capítulo 3
O exílio (Parte 1) 53

Capítulo 4
O exílio (Parte 2) 69

Capítulo 5
O exílio (Parte 3) 83

Capítulo 6
O exílio (Parte 4) 103

Capítulo 7
O exílio (Parte 5) 119

Capítulo 8
    O rei (Parte 1) 131

Capítulo 9
    O rei (Parte 2) 141

Capítulo 10
    O rei (Parte 3) 155

Capítulo 11
    O rei (Parte 4) 165

Capítulo 12
    As lágrimas do penitente 181

Capítulo 13
    Os castigos 203

Capítulo 14
    As canções do fugitivo 215

Prefácio à edição em português

SE, NO MUNDO TODO, fosse feita uma pesquisa entre os cristãos acerca de qual livro da Bíblia eles mais amam, com certeza, o de Salmos estaria entre os cinco (ou quem sabe entre os três) primeiros. Essa belíssima porção da Palavra de Deus tem consolado, inspirado, renovado a fé e alegrado tantos filhos de Deus ao longo de toda a sua jornada cristã, que é quase impossível não recorrer a ela em momentos de dúvida, de dor, de confusão e de júbilo intenso.

O livro de Salmos tem vários autores: Moisés, Davi, Salomão, Asafe, os filhos de Corá etc. Contudo, nesta obra, o enfoque está nos salmos davídicos. O autor, Alexander MacLaren, também conhecido, em sua época, como "o príncipe dos pregadores expositivos", foi um homem de extensa cultura bíblica e geral, com inegável habilidade exegética. Nestas páginas, ele compartilha seus conhecimentos a respeito do contexto histórico das composições selecionadas, fornece percepções quanto à riqueza de alguns termos hebraicos (o que enriquece a compreensão do texto), descreve cenários e nuances musicais com maestria e usa sua habilidade poética para nos transportar a certos períodos da vida de Davi e assim conhecermos mais sobre as emoções desse "amado salmista de Israel" (2SM 23:1).

A introdução do autor fornece um panorama geral de Salmos, provê detalhes técnicos importantes que auxiliarão na leitura desta obra e trata, de modo particular, da personalidade de Davi, como observada em seus próprios escritos e nas demais narrativas bíblicas que contam sua história.

A vida de Davi — Como refletida em seus salmos tem especial beleza por trazer-nos um homem profundamente apegado a Deus falando de outro homem que igualmente amava o Senhor de todo o coração. Temos um poeta e mestre falando de outro, ambos experimentando em sua jornada o amor e a fidelidade irrestrita de seus amigos, as críticas e perseguições de quem os desprezava e as dolorosas perdas que a vida traz consigo.

Prepare-se para acompanhar Davi às colinas verdejantes onde ele cuidava das ovelhas enquanto era treinado por Deus para a função que mais tarde exerceria; desça com ele ao vale onde encontrará o confronto que mudará o curso de sua história; veja-o no palácio, auxiliando o rei; casando-se; sendo injustiçado e tornando-se um andarilho, enquanto foge da perseguição implacável de Saul; assumindo o trono com alegria e humildade; desonrando a Deus, sua família e seu povo, quando cede ao pecado; e suas lágrimas. Percorra com o salmista a sua jornada de fé, com seus altos e baixos que o aproximaram cada vez mais do Criador.

Que Deus fale ao seu coração e que, independentemente de circunstâncias, a mesma fé característica de Davi cresça em seu coração!

Dos editores

Alexander MacLaren (1826–1910)

Alexander MacLaren nasceu em Glasgow, Escócia, em 11 de fevereiro de 1826. Ele era o mais novo dentre os seis filhos de David MacLaren e Mary Wingate. Seu pai era um comerciante e pastor leigo adjunto na Igreja Batista da Escócia. A reconhecida capacidade de fazer excelentes sermões expositivos de Alexander foi, de certa forma, influenciada pelo estilo de pregação de seu próprio pai, cujos sermões ele descrevia como "ricamente apoiados nas Escrituras, expositivos, instrutivos e firmemente evangélicos".

Em 1836, o patriarca teve de mudar-se para a Austrália, a negócios, por quatro anos. Foi durante esse período que Alexander se converteu e foi batizado quando tinha entre 12 e 13 anos. Em 1842, quando tinha apenas 16 e havia se mudado para Londres com sua família, o menino alto, tímido e aparentando ser ainda mais jovem, entrou no *Stepney*

College, uma instituição de ensino batista. Ali foi tremendamente influenciado pelo Dr. Benjamin Davies, um eminente erudito em hebraico bíblico, que despertou o interesse do jovem estudante nas línguas originais da Bíblia. Diz-se que, tão logo ele obteve competência suficiente no hebraico e no grego, seus devocionais diários eram sempre praticados nesses idiomas. Aos 17 anos, pregou seu primeiro sermão, e aos 20, recebeu sua graduação, após excelente desempenho nos testes finais de hebraico e grego, o que lhe rendeu alguns prêmios acadêmicos.

Ainda antes de formar-se, foi convidado para pastorear a congregação batista em Southampton por apenas três meses, que se converteram em 12 anos de um ministério bem-sucedido em uma igreja com frequência de 300 pessoas, mas que contava com apenas 20 membros assíduos assim que ele a assumiu. MacLaren lembrava-se desses anos iniciais com carinho e gratidão a Deus. Anos mais tarde, falando a seus alunos de Teologia, afirmou:

> *Agradeço a Deus por ter sido colocado em um local calmo, pequeno e obscuro para iniciar meu ministério; pois isso é o que prejudica a metade de vocês, rapazes. [...] Vocês são rapidamente pinçados a posições proeminentes, e depois se dissipam em todos os tipos de compromissos, que chamam de deveres [...] em vez de parar em casa, ler suas Bíblias e se aproximar de Deus.*

Sua piedade era conhecida por todos os que o cercavam, e seus sermões, embora ainda não tivessem sido levados ao conhecimento do grande público, atraíam cada vez mais pessoas da localidade. Durante esse período de seu primeiro ministério, ele se casou com Marion, uma prima sua, com quem teve quatro filhas e um filho. Foi por incentivo dela que, anos mais tarde, ele deu início à pregação de uma série muito apreciada de sermões de exposição bíblica — que mais tarde se transformaria em livro —, começando pelas epístolas de Paulo aos Colossenses e a Filemom. Infelizmente sua amada companheira não teve tempo de presenciar a conclusão dessa série, uma vez que faleceu repentinamente, em 1884.

Depois desses anos iniciais de ministério, MacLaren mudou-se para Manchester, onde fora convidado para pastorear a *Union Chapel*, ali permanecendo até se aposentar. Esse foi um período muito frutífero. Após 11 anos, um novo prédio, com capacidade para 1500 pessoas, foi construído e, logo, todos os assentos estavam tomados semanalmente. Sua fama começou a se espalhar pela cidade, em função da qualidade de suas pregações. Se Charles Spurgeon, seu contemporâneo, era conhecido como "o príncipe dos pregadores", Alexander MacLaren ficou célebre como "o príncipe dos pregadores expositivos". Ele passou a ser chamado de "MacLaren de Manchester", por suas várias aparições e sermões em eventos públicos da cidade. Foi presidente da Convenção Batista Inglesa por dois mandatos.

Sua carreira como escritor começou apenas em 1862, aos 36 anos. Seu modesto início foi com a publicação de seu discurso intitulado *Fidelidade à consciência*, em comemoração ao bicentenário da Grande Expulsão — quando ministros puritanos romperam relação com a Igreja Anglicana após esta publicar do Ato de Conformidade, que obrigava todos os clérigos a organizar o culto em torno do Livro de Oração

Comum. Seguido a isso, foram publicados os seus sermões na *Union Chapel*. Ambas as obras o tornaram conhecido do público em geral.

A obra *A vida de Davi — Como refletida em seus salmos* foi publicada, em 1880, pelo editor Robertson Nicoll, que o conhecera por causa das contribuições de MacLaren para a revista *Sunday at home* (Domingo em casa). Ao todo, foram publicados 50 títulos sob sua autoria.

F. F. Bruce, outro célebre contemporâneo de Alexander MacLaren e igualmente conhecido por sua excelência em exegese bíblica, disse a seu respeito:

> *Como expositor bíblico, ninguém se igualava a MacLaren de Manchester, e não houve outros sermões que fossem tão amplamente lidos por todo o mundo [...]. Diz-se, a respeito do Dr. MacLaren, que ele mudou todo o estilo do púlpito britânico e o influenciou mais do que qualquer de seus antecessores.*

Na velhice, a rápida expansão da cidade de Manchester, e a consequente perturbação da tranquilidade que ele tanto apreciava, motivou-o a tirar férias frequentemente nas queridas Terras Altas escocesas e, mais tarde, a mudar-se para Edimburgo, onde morreu poucas semanas depois, em 9 de maio de 1910.

Uma história interessante a respeito desse autor afirma que, quando ele começava, às 9h da manhã, a preparar seus sermões, ele retirava suas pantufas e calçava pesadas botas, para que estas lhe servissem de lembrete do trabalho árduo que ele tinha à frente. A beleza e profundidade das suas obras são fruto de sua íntima comunhão com Cristo, em quem seu ministério convergia, e de sua seriedade com a preparação pessoal.

Sempre descubro que meu próprio consolo e eficiência na pregação são diretamente proporcionais à profundidade de minha comunhão diária com Deus. Não conheço outro modo pelo qual podemos fazer nosso trabalho, a não ser em comunhão com Deus, mantendo o hábito de uma vida de aprendiz, que necessita alguma dose de poder para dizer 'não', e pela consciente preparação para o púlpito. O segredo do sucesso em tudo é a confiança em Deus e o trabalho árduo. —ALEXANDER MACLAREN

Introdução

Talvez a característica mais impressionante da vida de Davi é a variedade lírica de circunstâncias. Que jornada multicolorida foi essa que começou entre a solidão pastoril de Belém e terminou na câmara onde os ouvidos moribundos ouviram o soar das trombetas que anunciavam a ascensão do filho de Bate-Seba ao trono! Davi atravessa as mais pungentes e contrastantes condições e, de cada uma delas, reúne alguma nova capacidade para sua grande obra de dar voz e forma a todas as fases do sentimento devoto. A vida inicial como um pastor de ovelhas influenciou profundamente seu caráter e deixou marcas em muitos versos de seus salmos.

> *O amor, no casebre do pobre foi por ele encontrado;*
> *Os bosques e os regatos foram seus mestres diários;*
> *O silêncio que se encontra no céu estrelado,*
> *E o adormecer entre os montes solitários.*[1]

E depois, num raro contraste com a quietude, meditativa. Com as modestas responsabilidades desses primeiros

---

[1] N.T.: Tradução livre do excerto do poema *From song at the feast at Brougham castle* (Da canção da festa no castelo Brougham), de William Wordsworth (1770–1850).

anos, vieram as atarefadas vicissitudes da tempestuosa rota por meio da qual ele chegou ao trono — menestrel da corte, companhia e amizade de um rei, herói de um povo, capitão dos exércitos de Deus — e, em sua repentina elevação, manteve a graciosa doçura de seus dias mais humildes e, quiçá, mais felizes. A cena muda com rapidez surpreendente para o deserto. Ele é perseguido como "uma perdiz nos montes" (1SM 26:20), um fugitivo, um bandido, servindo em cortes estrangeiras e espreitando nas fronteiras com um bando de foras da lei recrutados das "classes perigosas" de Israel. Assim como Dante [Alighieri] e muitos outros, ele tem de aprender a exaustão do quinhão do exilado: quão difícil é sua jornada, como seu coração está sem abrigo, como são indiferentes as cortesias dos estrangeiros, quão inquieta é a suspeita que vigia o refugiado que luta ao lado de seus "inimigos naturais". Mais uma veloz transição ocorre, e ele se encontra no trono — vitorioso, próspero e amado — por longos anos.

Tampouco ele mudou; mas guardou em lugares elevados
A sabedoria na adversidade gerada.[2]

Até que, de repente, ele é lançado na lama, pois perverte todo o seu passado e arruína para sempre, pelo pecado da idade madura, sua paz de coração e a prosperidade de seu reino. Dali para frente, a aflição jamais foi afastada; seus últimos anos foram sombreados com a triste consciência de sua grande falha, bem como pelo ódio, rebelião e assassinato em sua família e pelo descontentamento e alienação em seu reino.

---

[2] N.T.: Ibid.

Introdução

Nenhum dos grandes homens das Escrituras passou por um percurso com tantas mudanças; nenhum deles tocou a vida humana em tantos pontos; nenhum foi tão temperado e polido pelas repentinas alterações de calor e frio, por fortes vendavais e pela fricção de revoluções tão velozes. Como seu grande Filho e Senhor, embora em sentido inferior, ele também precisava ser "tentado em todas as coisas, à nossa semelhança" (HB 4:15), a fim de que suas palavras fossem adequadas para o consolo e fortalecimento de todo o mundo. Os poetas "aprendem no sofrimento aquilo que ensinam em canções"[3]. Essas rápidas transições de destino e sua ampla experiência são os multicoloridos fios das ricas teias nas quais seus salmos são tecidos.

E, embora sua vida seja especialmente variada, o personagem também é singularmente pleno e versátil. A esse respeito, ele é, igualmente, incomparável a qualquer outra figura proeminente do Antigo Testamento. Contraste-o, por exemplo, com a firme majestade de Moisés, austero e simples como as tábuas de pedra; ou com o tom constante na esquálida força de Elias. Esses e outros homens poderosos em Israel são como os mais rudimentares instrumentos musicais — a trombeta do Sinai, com sua nota prolongada. Davi é como sua própria harpa, com suas muitas cordas por meio das quais o fôlego de Deus sussurra, desenhando lamentos e regozijando-se, trazendo o nítido ressoar da confiança triunfante e os tons graves da queixosa penitência, as mescladas harmonias de todas as emoções piedosas.

---

[3] N.T.: Tradução livre do excerto do poema *Julian and Maddalo*, de Percy Bysshe Shelley (1792–1822).

O homem e suas falhas — muito graves. Que seja lembrado que ninguém as julgou mais rigorosamente do que ele mesmo. Os críticos que se alegram em apontar para elas já foram precedidos pelo penitente; e a condenação que fazem é pouco mais do que a mera citação da confissão do próprio pecador. Sua instável natureza suscetível, especialmente acossada pelos deleites dos sentidos, desviou-o. Há traços de sua ocasional astúcia e falsidade, que não foram totalmente aliviadas nem mesmo pelas exigências do exílio e da guerra. Lampejos de feroz vingança, por vezes, irrompem do céu claro de sua natureza generosa. Sua forte afeição tornou-se, pelo menos em um caso, em predileção fraca e tola por um filho indigno.

Entretanto, quando tudo isso é admitido, permanece um personagem maravilhosamente rico e amável. Ele é o próprio ideal de um herói menestrel, como as lendas do Ocidente gostam muito de pintar. O cajado ou a funda de pastor, a espada, o cetro e a lira são igualmente familiares às suas mãos. Essa união do soldado e do poeta dá vida a um encanto peculiar, que é surpreendentemente trazido à tona naquele capítulo do livro de Samuel (2SM 23), que começa com: "São estas as últimas palavras de Davi" e, após dar o discurso de despedida daquele que chama de o "amado salmista de Israel" (v.1), passa imediatamente ao outro lado de seu caráter dualístico, com "São estes os nomes dos valentes de Davi" (v.8).

Assim sendo, de um lado, vemos o temperamento verdadeiramente poético, com todas as suas capacidades para os mais vivazes deleites e as mais atrozes agonias, com sua mobilidade tremulante, sua abertura a cada impressão, seu olhar pueril de maravilhamento e anseio por acolher tudo o que é amável, sua simplicidade e autoesquecimento, seu anelo por "mundos parcialmente percebidos", sua avidez por amor, sua compaixão e suas lágrimas. Ele foi criado para ser o inspirado poeta das afeições religiosas.

E, por outro lado, vemos as maiores qualidades de um líder militar típico da antiguidade, em que a ousadia pessoal e o braço forte contavam mais do que o assassinato estratégico. Ele se arremessa contra Golias com o entusiasmo de bravura e fé juvenis. Enquanto estava ainda no princípio do florescer de sua virilidade, liderando seu bando de proscritos, ele se mostra sagaz, engenhoso, prudente em conselho e rápido como um raio para agir; franco e generoso, ousado e gentil, animado na derrota, calmo diante do perigo, paciente nas privações e pronto a compartilhar com seus soldados, modesto e moderado nas vitórias, cavalheiro com seus inimigos, sempre vigilante, sempre cheio de esperança — um líder nato e um rei dentre os homens.

A base de tudo era uma profunda e alegre confiança em seu Deus Pastor, um ardor de amor pessoal a Ele, como jamais havia sido expresso anteriormente, se é que esse tipo de expressão encontraria lugar em Israel. Tal confiança abriu seus lábios, e sua boca entoou louvores a Deus (SL 51:15) e fortaleceu suas "mãos para a batalha" (SL 144:1). Ele próprio nos contou qual era seu temperamento habitual e como ele se sustentava: "Tenho o Senhor sempre diante de mim; estando ele à minha direita, não serei abalado. Por isso o meu coração se alegra e o meu espírito exulta…" (SL 16:8-9).

Dessa forma dotado, ele viveu entre os homens com aquela irresistível fascinação que apenas os grandes exercem. Desde o dia em que se esgueirou, como um raio de sol, na câmara escura onde Saul enfrentava um espírito maligno, Davi cativou todos os corações que se aproximavam de seus encantamentos. As mulheres de Israel entoavam seu nome com canções e tamborins, a filha de Saul confessou seu amor a ele espontaneamente, a nobre alma de Jônatas se apegou a ele, os rudes párias de seu pequeno exército arriscavam sua vida para gratificar seu desejo por um gole da água da fonte da qual ele dava de beber aos rebanhos de seu pai; os sacerdotes permitiram a ele ingerir o pão consagrado e lhe confiaram a espada de Golias, que estava atrás do altar; sua grandiosa cortesia conquistou o coração de Abigail; até mesmo o próprio rei dos filisteus lhe disse: "aos meus olhos você é bom como um anjo de Deus" (1SM 29:9); as tristes últimas palavras de Saul a Davi foram de bênção; 600 homens de Gade abandonaram seus lares e seu país para seguir o destino de Davi quando ele retornou do exílio; e até no sombrio encerramento de seu reinado, embora o pecado e a autoindulgência, bem como a negligência de seus deveres reais, haviam enfraquecido a lealdade de seus súditos, sua fuga diante de Absalão foi iluminada por exemplos de devoção ardente, que nenhum personagem comum poderia ter evocado; e até mesmo seu povo estava disposto a morrer por ele, e em seu orgulho afeiçoado o chamou de "lâmpada de Israel" (2SM 21:17). Foi um instinto profético que fez Jessé chamar seu filho mais novo por um nome aparentemente não utilizado anteriormente — Davi, "o amado".

O Espírito de Deus, agindo por meio desses grandes dotes naturais e usando as diversificadas experiências da vida, originou nele uma nova forma de inspiração. A Lei era a revelação da mente e, em alguma medida, do coração de Deus ao homem. Os Salmos são o eco da Lei, a corrente de retorno colocada em ação pelo fluxo da vontade divina, a resposta do coração do homem ao Deus manifesto. Certamente, há vestígios de hinos antes de Davi. Havia o irromper do triunfo entoado pelas filhas de Israel, acompanhado pelo tamborim e por danças, sobre Faraó e seu exército; a oração de Moisés, o homem de Deus (SL 90), tão arcaico em seu tom, carregando em cada verso a impressão do desgastante deserto e da lei da morte; a canção do legislador, pouco antes de sua morte (DT 32); o arrebatador hino de Débora; e alguns poucos breves fragmentos de poesia. Porém, os salmos, na prática, começaram com Davi e, embora muitas mãos tenham tocado a harpa depois dele, pelo menos até o retorno do exílio, ele permanece enfaticamente o "amado salmista de Israel" (2SM 23:1).

Os salmos que lhe são atribuídos têm, no geral, uma marcante similaridade de forma. Suas características foram bem resumidas como tendo "criativa originalidade, tom predominantemente elegíaco, forma e movimentos graciosos, estilo antigo, mas lúcido"[4]; ao que se pode acrescentar a intensidade de sua devoção e a paixão do amor divino que reluz em todos eles. Esses salmos também correspondem com as circunstâncias de sua vida como registradas nos livros históricos. Os primeiros dias como pastor de ovelhas, as muitas tristezas, as perambulações enquanto era perseguido, a autoridade real, as guerras, os triunfos, o pecado, o arrependimento que, em última instância, são entretecidos tão proeminentemente, todos ressurgem nos salmos. De fato, a maioria de suas ilusões

---

[4] Keil e Delitzsch, *Commentary on the Old Testament*, Hendrickson, 2016.

são gerais em vez de específicas, como é natural, de tal forma que suas palavras são mais adequadas para pronta aplicação às provações de outras pessoas. No entanto, tem sido muito precipitadamente assumido que as alusões são muito gerais, de modo que se tornaria impossível ligá-las com qualquer evento preciso, ou tornar os salmos e a história mutuamente ilustrativos. Sem dúvida, muita coisa será conjectura antes de afirmações categóricas, e muitas outras devem ser deixadas como indeterminadas; porém, quando todas as deduções tiverem sido feitas nessa conta, ainda parece possível conduzir o processo até uma distância suficiente de modo a ganhar percepções renovadas da força e da precisão de muitas das palavras de Davi e a usá-las com tolerável confiança, como lançando luz sobre a narrativa de sua carreira. Essa tentativa é feita em algum grau neste volume.

Será necessário prefixar algumas poucas afirmações acerca dos salmos davídicos em geral. Podemos dizer quais deles são de sua autoria? O Saltério, como é normalmente conhecido, é dividido em cinco livros ou partes, provavelmente a partir de alguma ideia de que ele tenha correspondência com o Pentateuco. Esses cinco livros são marcados por uma doxologia ao final de cada um, com exceção do último. A primeira porção consiste dos salmos 1–41; a segunda, 42–72; a terceira, 73–89; a quarta, 90–106; a quinta, 107–150. Os salmos atribuídos a Davi estão distribuídos desigualmente entre esses cinco livros. Há 73 no total, e estão assim: no primeiro livro, há 37, de modo que, se considerarmos os salmos 1 e 2 como um tipo de introdução dupla, um frontispício e uma página título em vinheta à toda a coleção, no primeiro livro, há apenas dois salmos que não são atribuídos a Davi.

Introdução

O segundo livro tem uma proporção muito menor, apenas 18 entre 39. O terceiro livro tem somente um; o quarto livro possui apenas dois, ao passo que o quinto livro tem 15, oito dos quais (138-145) ocorrem quase no encerramento. A intenção é óbvia: alocar os salmos davídicos juntos, tanto quanto possível, nos dois primeiros livros. E não é estranha a inferência de que eles devem ter formado uma coleção mais antiga, à qual foram acrescentados, mais tarde, os demais três livros, com um corpo considerável de salmos de Davi, que vieram à luz mais tardiamente, colocados lado a lado no final, de forma a arrematar o todo.

Seja como for, algo é claro a partir desse arranjo do Saltério, a saber: que os cabeçalhos que fornecem o nome dos autores são, possivelmente, tão antigos como a própria coleção. Afinal, eles têm orientado a ordem da coleção no agrupamento não apenas dos salmos davídicos, mas também daqueles atribuídos aos filhos de Corá (42-49) e a Asafe (73-83).

A questão da confiabilidade desses cabeçalhos é alvo de acalorado debate. A balança da opinião moderna pende decididamente contra a sua genuinidade. Como em grandes assuntos, aqui também "a Alta Crítica" chega à consideração de suas reivindicações com um pré-julgamento contra os cabeçalhos, e, usando fundamentos muito arbitrários, determina, por si mesma, bem independente dessas vozes antigas, a data e a autoria dos salmos. A forma extrema dessa tendência é encontrada na grande obra de Ewald[5], que tem devotado seu vasto poder crítico (e o amplia com seu igualmente grandioso poder de afirmar confiantemente) ao livro e chegou à

---

[5] N.T.: Heinrich Ewald (1803-75), teólogo e exegeta alemão.

conclusão de que temos não mais do que 11 salmos de Davi — certamente um resultado que pode levar ao questionamento quanto ao método aplicado.

Essas notas editoriais provaram ser de extrema antiguidade por meio de considerações como as que seguem: os tradutores da Septuaginta as encontraram e não as compreenderam; a sinagoga não preserva qualquer tradição para as explicar; o livro de Crônicas não lança luz sobre elas; tais notas são raras nos dois últimos livros do Saltério[6]. Em alguns casos, elas são obviamente erradas, mas, na maioria das vezes, não há nada inconsistente com sua correspondência aos salmos aos quais são acrescentadas; ao mesmo tempo, com muita frequência, lançam um fluxo de luz sobre estes e, no mínimo, provam sua confiabilidade por serem tão apropriadas. Não são autoritativas, mas merecem consideração respeitosa e, como diz o Dr. Perowne[7] em sua preciosa obra acerca dos Salmos, estão em pé de igualdade com as assinaturas das epístolas no Novo Testamento. Em relação a elas, portanto, e ainda examinando os salmos às quais são prefixadas, parece haver 45 salmos que podemos atribuir a Davi com alguma confiança, e é com eles que nos ocuparemos neste livro.

---

[6] Delitzsch, Op. cit, p. 393.

[7] N.T.: John James Stewart Perowne (1823–1904), bispo anglicano inglês.

CAPÍTULO 1

Os primeiros dias
(Parte 1)

A vida de Davi é naturalmente dividida em épocas das quais podemos nos aproveitar para uma melhor organização de nosso material. São elas: seus primeiros anos até a fuga da corte de Saul, seu exílio, o próspero início de seu reinado, seu pecado e penitência, sua fuga diante da rebelião de Absalão e seu sombrio encerramento.

Temos pouquíssimos traços incidentais de sua vida até sua unção por Samuel, com a qual é aberta a narrativa nos livros históricos. Entretanto, o fato de que a história comece com essa consagração ao ofício, talvez, seja mais valioso do que a ausente biografia de sua infância poderia ter sido. Isso nos ensina o ponto de vista a partir do qual as Escrituras consideram seus grandes nomes — como nada, senão apenas instrumentos de Deus. Disso se segue a despreocupação do texto bíblico com tudo o que meramente ilustra o caráter pessoal de seus heróis, não obstante seja realmente fato histórico. Igualmente, tem-se a clareza, apesar dessa indiferença, com a qual os homens viventes são apresentados diante de nós — uma imagem esculpida com meia dúzia de golpes do cinzel.

Não sabemos a idade de Davi quando Samuel apareceu no pequeno vilarejo com o chifre contendo o óleo consagrado em suas mãos. A única estimativa é desenvolvida pelo fato de que ele tinha 30 anos no início de seu reinado (2SM 5:4). Se levarmos em conta que seu exílio deve ter se estendido por um período considerável (uma porção dele, sua segunda fuga para os filisteus, durou 16 meses — 1SM 27:7), que sua prévia residência na corte de Saul deve ter sido longa o suficiente para dar tempo para seu crescimento gradual em popularidade e, após isso, para o desenvolvimento gradual do ódio insano por parte do rei, que antes de tudo isso havia um período indefinido entre a luta com Golias e a primeira visita como um menestrel-terapeuta ao palácio — tudo ocorrido ainda em Belém — e que a visita em si não deve ter sido breve, uma vez que em seu decurso ele se tornou estimado e familiar a Saul, não pode parecer que todos esses acontecimentos pudessem ser colocados em menos do que 12 ou 15 anos, ou que ele seria pouco mais do que um rapaz de 16 anos quando a mão de Samuel alisou os cachos de seus cabelos com o óleo sagrado.

Podemos facilmente entender como a vida havia decorrido para ele até aquele momento por meio das narrativas das Escrituras. Aparentemente, uma simplicidade modesta predominava na casa de seu pai. Não há qualquer sinal de que Jessé tivesse servos; seu filho mais novo realizava o trabalho servil; o presente que ele enviou a seu rei quando Davi foi à corte era simples e do tipo que um homem de vida humilde ofereceria: um jumento carregado de pão, um odre de vinho e um cabrito — seus rebanhos eram pequenos, de "poucas ovelhas". Parece que a prosperidade não sorria à família desde os dias do avô de Jessé, Boás, aquele homem "dono de muitos bens" (RT 2:1). A posição de Davi na casa não parece ter sido das mais alegres. Seu pai mal o considerava entre seus filhos e respondeu à pergunta de Samuel como se os corpulentos lavradores, a quem via, compusessem toda a sua prole, demonstrando um vestígio de desdém quando se lembrou de que havia mais um, que estava "apascentando as ovelhas" (1SM 16:11). Ouvimos falar de sua mãe apenas uma vez e isso incidentalmente, por breve momento, muito tempo depois. Seus irmãos não lhe tinham apreço e não pareciam compartilhar de seu coração ou de seu destino.

O rapaz evidentemente tinha a sina normal às almas como a dele: crescer em circunstâncias hostis, ser pouco compreendido e contar com rara empatia por parte das pessoas comuns que o cercavam e, dessa forma, não poder contar com elas. Esse processo amarga e deteriora alguns, mas é a melhor construção — e quando, como nesse caso, a natureza é dependente de Deus, e não de sua própria mórbida atuação, a força brota da repressão, e a doçura da perseverança. Pode ser que ele tenha recebido alguma instrução em uma das escolas de profetas fundadas por Samuel, mas somos deixados sem saber quais auxílios externos foram dados à sua florescente vida que a ajudassem a se desdobrar.

Independentemente de quais outros fatores ocorreram, sem dúvida, os enfatizados na história bíblica eram os principais: a sua ocupação e os muitos talentos que ela lhe trouxe.

Seus pés ligeiros como os da corça (SL 18:33), os braços fortes que vergaram um arco de bronze (v.34), a precisão com que usava a funda, a agilidade com que saltava muralhas (v.29) e a saúde exibida em sua face corada estavam entre as menores exigências dos refrescantes montes onde vigiava as ovelhas de seu pai. O início de sua vida lhe ensinou coragem, como quando ele bateu no leão e agarrou a horrenda barba do urso que se levantou contra ele, colocando-se na posição vertical para o abraço fatal (1SM 17:34-35). A solidão e a familiaridade com a natureza o ajudaram a nutrir o lado poético de seu caráter e a fortalecer aquele hábito meditativo que se misturou tão estranhamente com sua atividade impetuosa, e que, em grande parte, impediu que os tumultos e agitações invadissem o âmago de sua alma. Elas o lançavam a Deus, que preenchia a sua solidão e falava por meio de toda a natureza. Além disso, ele aprendeu as lições do aprisco, depois praticadas quando estava no trono, que lhe ensinaram que governar significa servir e que o pastor de homens está nesse ofício a fim de proteger e orientar. E nas humildes companhias de sua modesta casa, aprendeu a vida do povo, suas alegrias simples, suas imperceptíveis labutas, suas tristezas despercebidas — um conhecimento inestimável tanto para o poeta quanto para o rei.

A surpreendente missão de Samuel abriu uma brecha nos hábitos tranquilos da vida simples de Davi. A história é contada com detalhes maravilhosamente pitorescos e com força dramática. O minucioso relato das sucessivas rejeições a seus irmãos, a pergunta de Samuel e a resposta de Jessé, e, depois, a pausa para a apática espera até que o mensageiro fosse e retornasse, aumentam a expectativa com que aguardamos sua aparição. Então, que doce face juvenil é agradavelmente pintada diante de nós: "Davi era ruivo, de belos olhos e boa aparência" (1SM 16:12): de bela compleição, com cabelos avermelhados — o que é raro entre os orientais, que tendem a ser morenos — com seus cachos escuros, belos olhos, grandes e brilhantes como os de um poeta. Assim ele se apresentou diante do idoso profeta e, com o coração dilatado e temor reverente, recebeu a sagrada unção. Aparentemente em silêncio, Samuel o ungiu. Não é dito se o segredo de seu elevado destino lhe foi comunicado nesse dia ou se foi deixado para ser revelado nos anos subsequentes. Contudo, em todos os eventos, quer tenha havido ou não compreensão completa do que estava diante dele, Davi deve ter se conscientizado do chamado que o afastaria dos pastos e olivais do pequeno vilarejo, bem como do novo mover do Espírito que estava nele e sobre ele desse dia em diante.

Essa mudança repentina em todo o panorama de sua vida deve ter lhe trazido novos elementos para reflexão quando ele voltou à sua humilde tarefa. A responsabilidade, ou a expectativa dela, transforma jovens em homens muito rapidamente. As meditações mais solenes, uma humilde consciência de debilidade e uma confiança mais firme no Deus que lhe lançou tal fardo fariam, em poucos dias, o trabalho de anos. E a necessidade de deixar de lado as visões do futuro para poder exercer fielmente os obscuros deveres do presente acrescentariam autocontrole e paciência, qualidades incomuns à juventude. O modo como ele amadureceu tão rápido é mostrado, de forma singular, no próximo incidente registrado — sua convocação à corte de Saul — por meio da descrição que foi feita dele pelo cortesão que o recomendou ao rei. Ele fala sobre Davi em palavras mais adequadas a um homem de renome do que a um rapazinho. Ele é o menestrel e o guerreiro "que sabe tocar harpa. Ele é forte e valente, homem de guerra" e "fala com sensatez e tem boa aparência; e o Senhor Deus está com ele" (1SM 16:18). Foi assim que, prontamente, as novas circunstâncias e o poder do Espírito de Deus, como o sol tropical, amadureceram sua alma.

Aquela primeira visita à corte foi apenas um episódio em sua vida, por mais útil que tenha sido para seu crescimento. Ela lhe daria o conhecimento de novos cenários, ampliaria sua experiência e o prepararia para o futuro; no entanto, não por muito tempo. Possivelmente a sua harpa perdera o poder sobre o espírito melancólico de Saul, depois de ele ter se familiarizado com as suas notas musicais. Qualquer que tenha sido o motivo, Davi retornou à casa de seu pai, trocando com alegria o favor da corte — algo que poderia ter parecido, a qualquer homem ambicioso, serem apenas os primeiros passos para o cumprimento da profecia da unção realizada por Samuel — pela liberdade da solidão pastoral ao redor de Belém. Lá ele permaneceu, vivendo ao ar livre semelhantemente aos dias tranquilos anteriores a esses dois grandes terremotos em sua vida, mas com pensamentos mais profundos e um novo poder, com mais experiência e um horizonte mais amplo, até a hora em que foi, finalmente, arrancado do isolamento e arremessado ao redemoinho de sua carreira pública.

Não há qualquer salmo que possa ser atribuído com certeza ao primeiro período de sua vida; mas esse tempo deixou traços profundos em muitos deles. As alusões ao cenário natural e as frequentes referências a variados aspectos da vida pastoril são parte disso. Uma das características do temperamento poético é a sua lembrança exata e a sua estima pelos primórdios. O carinho com que recordava deles fica demonstrado naquele lamentável incidente de seu anseio, como um fatigado exilado, por um gole da água da fonte em Belém, aonde, em seus estimados primeiros anos, ele levava seus rebanhos.

Todavia, embora não possamos dizer com confiança que tenhamos qualquer salmo produzido antes de seu exílio, há muitos que, qualquer que seja sua datação, são ecos de seus pensamentos naqueles primeiros dias. Esse é especialmente o caso em relação ao grupo que descreve os diversos aspectos da natureza: ou seja, os *Salmos 8, 19, 29*. Eles diferem dos últimos salmos davídicos, na quase total ausência a referências pessoais, ou em qualquer sinal de cuidados urgentes ou de traços de uma experiência de vida variada. Em sua abnegada contemplação da natureza, em seu silêncio quanto aos sofrimentos, em sua beleza tranquila, eles lembram as obras da juventude de muitos poetas cujos versos mais tardios pulsam com a latejante consciência das agonias da vida ou pelejam fortemente com os problemas da vida. Não surpreendentemente, eles podem ser considerados como o derramar de um coração juvenil livre de si mesmo e do sofrimento, distante dos homens e muito próximo de Deus. O refrescante ar das colinas de Belém sopra a partir deles, e o orvalho das silenciosas manhãs da vida recai sobre eles. As primeiras experiências supriram-lhe de seu material, independentemente da data em que foram compostos; e neles podemos ver onde estava sua vida interior nesses anos de germinação. O olhar infantil de maravilhamento e a admiração quanto ao ardente fulgor do meio-dia e ao poderoso céu com todas as suas estrelas, a voz profunda com a qual toda a criação falava de Deus, os grandes pensamentos acerca da dignidade humana (reflexões sempre acalentadas às elevadas almas juvenis), o cintilar da luz interior mais brilhante que todos os sóis, a consciência dos mistérios da fraqueza (que podem se tornar milagres do pecado no coração de alguém), a certeza da relação próxima a Deus como Seu ungido e Seu servo, o clamor por auxílio e orientação — é tudo isso que deveríamos esperar que Davi tivesse pensado e sentido enquanto vagava entre as colinas, sozinho com Deus; e é isso o que esses salmos nos fornecem.

A maneira peculiar de olhar à natureza é comum a todos eles, o que é bastante uniforme nos salmos de Davi e muito diferente da poesia moderna, tão descritiva. Ele pode delinear uma figura com apenas uma expressão, mas não se ocupa em pintar paisagens. Sente as profundas analogias entre o homem e o local de sua habitação, mas não se importa em emprestar à natureza uma vida sombria, reflexo da nossa própria. Para ele, a criação não é considerada sequer um tema para a descrição poética ou o exame científico; é apenas a veste divina, o apocalipse do celestial. E comum a todos esses salmos também é a rápida transição dos fatos exteriores, que revelam Deus ao mundo espiritual, onde Sua presença é, caso isso seja possível, ainda mais necessária, e onde Suas ações são ainda mais poderosas. Também é frequente em todos eles uma certa agitação de pensamentos intensos e do jubiloso poder que, novamente, é característico às obras produzidas na juventude e difere da ternura elegíaca e do sofrimento dos hinos mais tardios de Davi.

O *Salmo 19* desenha para nós a glória dos céus durante o dia, enquanto o *Salmo 8* retrata o céu noturno. O primeiro reúne as impressões de muitas manhãs refrescantes, quando o solitário menino pastor observava o Sol nascendo por sobre as montanhas de Moabe, que encobrem a visão oriental a partir das colinas de Belém. O sagrado silêncio do alvorecer, a intensa quietude da noite tem voz aos seus ouvidos. "Sem linguagem! E sem palavras! Inaudíveis são seus limites." Contudo, ainda assim: "Em tudo, a Terra proclama a sua voz[1], e nos confins do mundo habitável, os seus ditos". Os céus e o firmamento, os refrões conectados do dia e da noite, são arautos da glória de Deus ouvidos em todas as terras e uma voz incessante, mesmo com seu discurso silencioso. E, enquanto ele observa, salta no céu oriental — não com o longo crepúsculo das terras do norte — o resplendor repentino: o Sol, radiante como um noivo em sua câmara nupcial, como um atleta impaciente pela corrida. Como vibram nestas palavras a alegria da manhã e seu novo vigor! E, então, Davi vê o forte corredor subindo os céus até que o calor veemente atinja a profunda fenda do Jordão e todas as colinas desarborizadas enquanto elas se inclinam para o deserto, jazendo nuas e incandescentes sob seus raios.

A rápida transição da revelação divina na natureza para a Sua voz na Lei parece inexplicável a muitos críticos, com exceção da suposição de que esse salmo é formado de dois fragmentos reunidos por um compilador mais tardio. Alguns deles vão ainda mais longe, afirmando que "o sentimento que via Deus revelado na Lei não havia surgido até o tempo de Josias"[2] Contudo, tal hipótese não é necessária para explicar

---

[1] Seus limites, isto é, seu território ou a região por onde seus testemunhos se estendem. Outros traduzem como "seu acorde", ou som (LXX, Ewald etc.)
[2] "Os salmos cronologicamente arranjados" — seguindo a linha de Ewald.

tanto a transição repentina quanto a diferença em estilo e ritmo entre as duas partes do salmo, que inquestionavelmente existem. A mudança do mundo exterior a uma luz mais apropriada da Palavra de Deus é muito natural; o seu modo abrupto é artístico e impressionante; a diferença de estilo e medida traz ênfase ao contraste. Há também uma ligação óbvia entre as duas partes, visto que a Lei é descrita em epítetos, sugerindo, em parte, que ela seja um sol mais brilhante, iluminando os olhos.

A Palavra que declara a vontade do Senhor é melhor do que os céus, que falam da Sua glória. A abundância de sinônimos para essa palavra mostra o quão familiar ela era ao pensamento de Davi. Para ele, é "a lei" e "o testemunho" pelos quais Deus discursa acerca de si próprio ao homem; "os preceitos", as ordenanças fixas estabelecidas; aquilo que ensina o "temor do Senhor", os "juízos" ou afirmações de Seu pensamento quanto à conduta humana. Eles são "perfeitos, fiéis, retos, puros e límpidos" — como aquele Sol sem defeitos — "eternos e verdadeiros". Eles "restauram, dão sabedoria, iluminam", do mesmo modo como a luz do mundo inferior. O coração de Davi os valoriza "mais do que ouro", acerca do qual, em sua vida simples, ele sabia tão pouco; mais do que "o mel", que ele tantas vezes viu destilar dos "favos" nas pastagens do deserto.

Depois, a contemplação dupla se ergue até a sublime região da oração. Ele sente que há profundezas sombrias em sua alma, poços mais soturnos do que qualquer outro onde a luz do Sol brilha. Fala como aquele que está consciente de males dormentes, ainda não desenvolvidos pela vida, e sua oração é mais dirigida ao futuro do que ao passado (sendo, assim, pouco semelhante ao tom de seus últimos salmos, que penitentemente lamentam e imploram por perdão). "Faltas" ou fraquezas — "erros" desconhecidos a ele mesmo —, pecados "à mão levantada" (NM 15:31, ARC)[3] — esse é o ápice dos males dos quais ele ora para receber libertação. Ele se reconhece: "teu servo" (2SM 7:5,8; SL 78:70) — um epíteto que pode se referir a sua consagração à obra de Deus pela unção de Samuel. Não precisa apenas de um Deus que estabelece Sua glória no céu, tampouco de um cuja vontade será revelada, mas de um Deus que toque seu espírito; não meramente o Criador, mas o Deus perdoador. E sua fé alcança seu ponto mais alto à medida que sua canção se encerra com o sagrado nome da Aliança, Iavé[4], repetido pela sétima vez e invocado em um anseio final por um coração confiável, como "rocha minha e redentor meu".

O *Salmo 8* é sua figura complementar, dedicado à noite, que, como o anterior, fala de muitas horas de solidão meditando sob o céu, quer sua composição se encaixe ou não nesse primeiro período. O valor profético e doutrinário dos salmos não é o principal assunto nesta obra, de forma que devemos abordar muito rapidamente esse grandioso salmo. O que ele nos revela acerca do cantor? Nós o vemos, como outros pastores que viviam na mesma colina, muito depois de guardar "os seus rebanhos durante as vigílias noite" (LC 2:8), maravilhado por toda a magnificência do céu oriental, com

---

[3] A forma da palavra faria que "homens negligentes" fosse uma tradução mais natural; porém, o contexto provavelmente exige um terceiro tipo de pecado, mais agravado.

[4] N.T.: Iavé ou Javé é a transliteração mais provável do nome próprio YHWH; nesta tradução aparece, em geral, como "Senhor".

suas luzes cintilantes. Tão brilhantes, tão imutáveis, tão distantes — como são grandiosas e quão pequeno é o menino que as contempla tão sequioso! São elas deusas, como criam todas as nações, exceto a sua? Não! São obra "dos dedos" do Senhor (SL 8:3). A consciência de Deus como seu Criador liberta da tentação de confundir sua extensão com grandeza, e desperta em nova energia aquele senso de personalidade que se amontoa acima de todas as estrelas. Davi é um bebê de peito — seria esse um sinal de uma composição precoce desse salmo? —, mas, ainda assim, sabe que de seus lábios, que já começam a irromper em uma canção, e dos lábios de seus companheiros, Deus aperfeiçoa o louvor. Ali fala o amado cantor de Israel, valorizando suas crescentes faculdades como a maior das dádivas divinas e considerando suas palavras inspiradas por Deus como mais nobres do que o discurso de uma noite à outra (19:2). Os dedos de Deus os criaram, porém, o sopro divino está sobre Davi. O Senhor os ordenou, mas visita o salmista. A descrição da dignidade humana e de seu domínio indicava o quanto Davi estava familiarizado com a história de Gênesis. Além de todas as verdades poéticas que ele contém, esse salmo talvez também tenha alguma referência especial à sua experiência juvenil. Pelo menos, é digno de nota que Davi fale da dignidade do homem com características de realeza, como aquelas que estavam despontando nele mesmo, e essa imagem não tem qualquer sombra de pesar ou pecado — um fato que pode indicar seus dias de juventude, quando pensamentos sublimes a respeito da grandeza da alma são naturais e quando, em seu caso, as aflições e crimes, que se fizeram sentir em todas as suas obras mais tardias, ainda não haviam recaído sobre ele. Possivelmente, não seja completamente fantasioso supor que podemos ver o jovem pastor cercado por seus rebanhos, os animais selvagens que rondavam o redil e os pássaros adormecidos em seus abrigos sob o luar, em sua enumeração dos assuntos de seu primeiro e mais feliz reino, onde ele governava distante dos homens e do sofrer, vendo Deus em todos os lugares e aprendendo o perfeito louvor que brotava de seus púberes lábios.

CAPÍTULO 2

Os primeiros dias
(Parte 2)

A lém dos salmos já considerados, que são dedicados à contemplação devota da natureza e estão em ligação próxima com os primeiros anos de Davi, ainda existe um outro universalmente admitido como de sua autoria. O *Salmo 29*, como os dois anteriormente comentados, relaciona-se à glória de Deus revelada nos céus e tendo a Terra apenas como recipiente das influências celestiais. No entanto, ao passo que aqueles respiravam a profunda tranquilidade enquanto observavam o silencioso esplendor do Sol e a paz do luar derramando-se sobre um mundo adormecido, este é completamente tumultuado e ruidoso. É uma imagem altamente elaborada e vívida de uma tempestade de trovões, como aquelas que devem ter se abatido sobre o pastor salmista enquanto ele se abrigava sob uma formação rochosa e reunia seu agitado rebanho ao seu redor. A própria estrutura reproduz, em som, um eco dos ondeantes repiques reverberando entre os montes.

Há, inicialmente, uma invocação, no mais elevado tom de poesia devota, convocando os "filhos de Deus" (v.1), os anjos que habitam acima do segundo céu e que, do alto, vêm o lento aglomerar das nuvens tempestuosas, para que tributem "ao Senhor a glória devida a seu nome" — Seu caráter é revelado na tormenta. Devem apresentar-se diante dele "na beleza da santidade" (v.2), como sacerdotes do santuário celestial. Sua silenciosa e expectante adoração é como a quietude taciturna que precede a tempestade. Sentimos a silente expectativa no céu e na Terra.

A tempestade explode. Ela golpeia e salta nas frases curtas, cada uma delas como um estrondo do próximo trovão.

    a. *Ouve-se a voz do Senhor sobre as águas;*
       o Deus da glória troveja;
       o Senhor está sobre as muitas águas.
       a voz do Senhor é poderosa;
       a voz do Senhor é cheia de majestade.

    b. *A voz do Senhor quebra os cedros;*
       sim, o Senhor despedaça os cedros do Líbano.
       Ele faz o Líbano saltar como um bezerro,
       e o monte Hermom pular como um boi selvagem.
       A voz do Senhor produz chamas de fogo.

    c. *A voz do Senhor faz tremer o deserto;*
       o Senhor faz tremer o deserto de Cades.
       A voz do Senhor faz dar cria às corças

e desnuda os bosques;
e no seu templo todos dizem: "Glória!".
SALMO 29:3-9

Sete vezes o rugido estremece o mundo. A voz dos sete trovões é "a voz do Senhor". Nas curtas sentenças, com sua estrutura uniforme, na pausa entre elas e na recorrência das mesmas letras iniciais, ouvimos o ressoar sucessivo, o silêncio que os interpola e a monotonia de seu som sem variações. Três vezes temos a reverberação rolando pelo céu ou entre os montes, imitadas por cláusulas que repetem as anteriores, conforme indicado pelos itálicos, e uma chama difusa incendeia na frase breve e semelhante a um raio: "A voz do Senhor [ou Iavé] produz chamas de fogo", que, de modo maravilhoso, dá a impressão de seu fluxo se projetando ferozmente, como se partindo de um sólido bloco de fogo, com seu rápido percurso e sua extinção instantânea.

A amplitude e os efeitos da tempestade, são, semelhantemente, traçados com vividez. Primeiramente, ela está "sobre as águas", o que possivelmente significa o Mediterrâneo, porém, mais provavelmente, "as águas acima do firmamento" (GN 1:7), e assim descrevem as nuvens se ajuntando no ar. Depois, ela desce trombando com as montanhas do norte, partindo os retorcidos cedros e fazendo o Líbano tremer, com todas as suas florestas, ao saltar pelo profundo vale da Celessíria e atingir o Hermom (chamado de Siriom pelos sidônios), a crista do Antilíbano, até cambalear. E "a voz do Senhor" continua avançando — ou, melhor, talvez esteja por todo arredor do salmista; e mesmo enquanto ele ouve a voz ondeando, vinda do distante norte, o extremo sul ecoa seu rugir. A terrível voz estremece[1] o deserto, enquanto estrondeia em sua superfície. O tremor se espalha até lugares tão distantes como Cades (provavelmente Petra), e faz que, nas longínquas florestas de Edom, os aterrorizados animais selvagens deem cria, e os carvalhos sejam feridos e despidos de suas honrosas copas frondosas. E, durante todo esse tempo, como um poderoso diapasão soando através do tumulto, a voz dos filhos de Deus no templo celestial é ouvida proclamando: "Glória!".

O salmo se encerra com palavras elevadas de confiança, edificadas sobre a história passada bem como na contemplação do presente. "O Senhor governa (isto é, para enviar à Terra) os dilúvios" que, uma vez, inundaram o mundo antigo. "Como rei, O Senhor governa para sempre" (v.10). Aquele antigo juízo falou de Seu poder sobre todas as forças da natureza em sua forma mais terrível. Assim, agora e para sempre, todos são Seus servos e efetuam Seus propósitos. Desse modo, assim como a tempestade se dissipa, exausta e momentânea, os raios de sol fluem uma vez mais no azul suavizado sobre um mundo refrescado, e cada gota de chuva sobre as folhas reluz como o brilho do diamante. O encerramento do salmo é como o resplendor que vem a seguir; e a sussurrante voz tranquila de suas últimas palavras é como a canção dos pássaros novamente, enquanto a tempestade, que vai embora, rosna débil e fraca no horizonte. "...o Senhor abençoa o seu povo com paz" (v.11).

Assim, então, a natureza falava ao jovem coração de Davi. O silêncio era vocal; as trevas, claras; o tumulto, ordeiro — e

---
[1] Delitzsch traduziria "gira em círculos" — uma alusão pitoresca aos redemoinhos de areia que acompanham as tempestades no deserto.

tudo era revelação de um Deus presente. Diz-se de um de nossos grandes escritores que, quando ele era criança, foi encontrado deitado em uma colina durante uma tempestade, batendo palmas e gritando a cada raio, inconsciente do perigo e movido pelo êxtase. Igualmente, Davi sentiu toda a elevação poética e a surpresa natural na presença da devastadora tempestade; mas sentiu algo além. Para ele, o raio não era um poder diante do qual tremer, tampouco um mero tópico para a contemplação poética. Era menos ainda, pois algo semelhante poderia ser obtido esfregando seda no vidro, algo que ele fizera assim que aprendera as suas leis. Nenhum acréscimo de conhecimento acerca das leis de fenômenos físicos afeta minimamente o ponto de vista assumido por esses salmos relacionados à natureza. "Deus cria e move todas as coisas." Podemos completar a frase com uma cláusula que fala de algo dos métodos de Sua forma de agir. Entretanto, isso seria apenas um parêntese no fim das contas, e a antiga verdade permanece ampliada, perene diante dela. O salmista sabia que todos os seres e toda a ação têm sua origem em Deus. Ele viu os últimos elos da cadeia e sabia que estavam ligados ao trono de Deus, embora os aros intermediários não pudessem ser vistos; mesmo aquele que, de fato, estava ausente em sua mente. Sabemos algo acerca desses elos; mas aqueles que eram, para ele, o primeiro e o último de tal série são o primeiro e o último para nós também. Tanto para nós como para Davi, o silencioso esplendor do meio-dia fala de Deus, e os céus noturnos jorram a suave radiância de Seu "magnífico nome em toda a terra" (SL 8:9). A tempestade é Sua voz, e as mais ferozes comoções na natureza e entre os homens irrompem em ondas de obediência ao redor dos pilares de Seu trono.

Bem soa a tempestade aos que ouvem
Uma voz mais profunda através do temporal.[2]

Ainda há alguns outros salmos que podem ser usados como ilustrações dos primeiros anos da vida de Davi. O *Salmo 23* é inteiramente colorido pelas lembranças de sua ocupação da juventude, mesmo que sua composição seja de data mais avançada.

Alguns críticos, na verdade, pensam que a menção à "Casa do SENHOR" leve a supor uma origem subsequente à construção do Templo. Todavia, a expressão em questão não precisa estar ligada ao Tabernáculo ou ao Templo, e é mais naturalmente explicada pela imagem anterior, de Deus como um Anfitrião que oferece um banquete a Seus servos em Sua mesa. Não há outras notas de tempo no salmo, exceto se, em acordo com alguns comentaristas, víssemos uma alusão, naquela imagem de uma mesa posta, à oportuna hospitalidade dos chefes gileaditas durante a fuga de Davi diante de Absalão (2SM 17:27-29) — uma referência que parece prosaica e superficial. A ausência de sinais de aflição e sofrimento — tão constantemente presentes nas canções mais tardias — pode ser afirmada com alguma relevância em favor de uma data mais antiga. E, se seguirmos um dos mais valiosos comentaristas (Hupfeld)[3] na tradução de todos os verbos como futuros, e assim tornar todo o hino uma canção de esperança, seremos quase obrigados a supor que aqui temos a declaração de um espírito jovem, que se aventurou a esperar o que vinha

---

[2] N.T.: Tradução livre de dois versos do poema *In Memoriam A.H.H.*, de Lord Alfred Tennyson (1809–92).

[3] N.T.: Hermann Hupfeld (1796–1866), comentarista bíblico alemão.

adiante por, primeiramente, ter olhado para cima. De qualquer modo, o salmo é uma transcrição de pensamentos que nasceram e foram acolhidos em muitas horas de meditação entre as solitárias colinas de Belém. É o eco da vida pastoril. Vemos nele o cuidado incessante, o amor aos vulneráveis animais que lhe foram confiados, que se expressou e se aprofundou em toda a sua labuta por eles. Davi tinha de pensar na simplicidade das ovelhas, de lutar por elas, pois eram indefesas, de encontrar-lhes pastos, de vigiá-las enquanto elas se deitavam sobre a relva fresca. Algumas vezes, tinha de usar sua vara a fim de coagir a imprudência delas com correção amorosa enquanto passavam por perigos tentadores; outras, de guiá-las pelos sombrios desfiladeiros, onde elas se amontoavam aos seus calcanhares; em certos momentos, tinha de bater no leão e no urso que rondavam o redil — mas tudo isso era para o bem delas e significava o conforto delas. Foi assim que Davi aprendeu, como preparação para seu próprio reinado, o significado mais íntimo de preeminência entre os homens. Uma lição ainda mais preciosa é esta: foi assim que adquiriu conhecimento sobre o próprio coração de Deus. Muito antes, Jacó falara do Senhor como o "Pastor [...] de Israel" (GN 49:24), mas estava reservado a Davi trazer esse nome doce e maravilhoso para uma relação mais próxima com a alma individual. E, com aquele entusiasmo peculiar da dependência pessoal e reconhecimento do amor de Deus ao indivíduo que marca todos os seus salmos, dizer: "O SENHOR é o meu pastor..." (SL 23:1). Aquelas singelas companhias, em sua docilidade sujeitas à orientação e à confiança absoluta no cuidado dele, haviam lhe ensinado o segredo da paz no desamparo, da paciência na ignorância. Nas faixas verdejantes dos prados onde as límpidas águas traziam vida, os exaustos rebanhos se abrigavam do calor do meio-dia, o curso silencioso do pequeno regato, o refrigério das ovelhas pelo descanso e pelos pastos, os caminhos suaves que esse pastor buscava encontrar para elas, os desfiladeiros rochosos através dos quais tinham de atravessar, o cajado em suas mãos para orientar, punir e defender, mas que jamais foi levantado em ira — todas essas visões familiares de sua juventude passam diante de nós enquanto lemos o *Salmo 23*. Igualmente para nós, em nosso estado social completamente diferente, elas têm se tornado os imortais emblemas do mais elevado cuidado e do mais sábio amor.

O salmo testemunha o quanto a consciência da existência de Deus deve ter estado tão próxima do coração do jovem, o que poderia, assim, transformar e glorificar as pequenas coisas que lhe eram tão familiares. Podemos supor, em uma espécie de interpretação superficial de sentimentos, que a vida pastoril sugere pensamentos acerca de Deus, visto que essa não é nossa vivência. Porém, é necessário tanto um hábito de meditação quanto um coração devoto para sentir que as trivialidades de nossas tarefas diárias nos falam a respeito de Deus. O céu toca a Terra no horizonte de nossa visão, mas o ponto onde estamos parece ser sempre o mais distante do céu. Para o salmista, no entanto, — bem como, de forma ainda mais elevada, a seu Filho e Senhor — tudo que o cercava estava repleto de Deus; e assim como nas majestades da natureza, as trivialidades das atividades humanas — pastores e pescadores — eram solenes com significados profundos e sombras do celestial. Era com tais pensamentos excelsos que Davi alimentava a sua juventude.

O salmo também exala o mesmo espírito de confiança luzente e de perfeito descanso em Deus. Já mencionamos a ausência de sinais de pesar e o tom predominante de esperança como possivelmente favorecendo a suposição de uma origem precoce. Contudo, pouco importa se eram jovens os olhos que contemplaram tão corajosamente o futuro, ou se aqui temos as mais solenes e penosas esperanças da velhice, que pode ter apenas poucas esperanças a menos que estejam enraizadas em Deus. O espírito expresso no salmo é tão completamente o de Davi, que esse espírito deve ter sido especialmente forte em seus dias de jovem, antes de estar fatigado pelas responsabilidades e tristezas.

Portanto, podemos considerar, com justiça, o tom dessa canção do Deus Pastor como expressando a característica de sua piedade nos felizes primeiros anos. Em sua solidão, ele era alegre. Um pensamento jubiloso alarga o espírito; uma simples emoção faz vibrar a corda de sua harpa. Nenhuma dúvida, ou aflição, ou remorso lança sombras sobre ele. Davi está consciente de sua dependência, mas está acima da necessidade e do medo. Não pede nada, ele já possui — tem a Deus e nele descansa. Está satisfeito com essa fruição que abençoa todos os que têm fome de Deus, e é a mais alta forma de comunhão com Ele. Uma vez que o presente não tem anseios, o futuro não tem terrores. Todo o horizonte está claro; todos os ventos, calmos; o oceano descansa e "pássaros da paz sentam-se aos bandos sobre as ondas dominadas"[4]. Se

---

[4] N.T.: Tradução livre de um extrato do poema *On the morning of Christ's Nativity* (Na manhã da natividade de Cristo), de John Milton (1608–74).

há inimigos, Deus os detém. Se lá ao longe está entre as montanhas qualquer vale da escuridão, seus negros portais não lançam trevas sobre ele e não lançarão quando ele os adentrar. Deus é seu Pastor e, em outra imagem, Deus é seu Anfitrião. A vida que, por um lado — em função de suas constantes mudanças e da ocupação com as coisas exteriores —, pode ser comparada com a jornada de um rebanho, é, por outro lado — por causa de sua união intrínseca com a estabilidade de Deus —, como um constante assentar-se à mesa preparada por Sua mão para um banquete real, em que o óleo da alegria escorre sobre cada cabeça e a taça repleta dos prazeres divinos está em cada mão. Por todos os aspectos externos e de peregrinação, o salmista sabe que somente a Bondade e a Misericórdia — esses dois mensageiros divinos vestidos com os alvos mantos — seguirão seus passos, por mais longo que possa ser o termo dos dias de sua ainda jovem vida.

Por todos os aspectos interiores, ele tem certeza de que, na calma e ininterrupta comunhão, ele habitará na casa de Deus, e de que, quando os anjos gêmeos, que o alimentaram e guiaram por toda sua vida juvenil, tiverem há muito encerrado sua tarefa, ainda haverá, no além, uma união mais próxima com seu Amigo celestial, aperfeiçoada em Sua verdadeira casa "para todo o sempre". Procuramos em vão por outro exemplo, até mesmo nos salmos davídicos, de tal perfeita e repousante confiança em Deus. Essas notas nítidas são, provavelmente, a mais pura afirmação já feita acerca da "paz de Deus que excede todo o entendimento" (FP 4:7).

Tais eram os pensamentos e as esperanças do rapaz que cuidava das ovelhas de seu pai em Belém. Ele vivia uma vida de reflexões elevadas e tarefas humildes. Ouvia a voz de Deus entre o silêncio das colinas, e as primeiras notas de sua harpa ecoavam os tons profundos. Aprendeu a coragem bem como a ternura com seus deveres diários, e a paciência, com o contraste entre eles e a alta vocação que a misteriosa unção de Samuel havia aberto diante dele. Se lembrarmos o quanto a perturbadora influência dessa consciência poderia ter forjado uma alma menos plena de Deus, talvez aceitemos como possivelmente correto o cabeçalho que atribui a ele um salmo doce e simples, e podemos nos arriscar a supor que ele expressa o contentamento que acalmava seu coração, não deslumbrado pela visão da grandeza vindoura. "Senhor, não é orgulhoso o meu coração, nem arrogante o meu olhar. Não ando à procura de coisas grandes, nem de coisas maravilhosas demais para mim. Pelo contrário, fiz calar e sossegar a minha alma. Como a criança desmamada se aquieta nos braços de sua mãe, assim é a minha alma dentro de mim" (SL 131:1-2). Assim, estando nos braços de Deus e contente por ser envolvido em Seu abraço, sem procurar qualquer outra coisa além disso, Davi está tranquilo em seu humilde destino.

Não nos cabe seguir o curso da conhecida narrativa pelos acontecimentos pitorescos que o levaram à fama e à posição na corte. O caráter duplo de menestrel e guerreiro, ao qual nos referimos anteriormente, é notoriamente enfatizado em sua apresentação dupla a Saul, uma vez acalmando o espírito melancólico do rei com as harmonias da harpa do pastor, e outra vez derrubando o zombeteiro gigante Golias com sua funda de pastor. Na primeira ocasião, sua residência no palácio parece ter sido encerrada pela recuperação temporária de Saul. Davi retorna a Belém por tempo indefinido e depois a deixa, e todas as suas tarefas pacíficas, para sempre.

A história dramática do duelo com Golias não precisa ser recontada. Sua chegada no momento da crise de guerra, a coragem ardente com a qual abandona sua bagagem nas mãos do guarda e desce o vale para as fileiras do exército, o agitado burburinho entre os israelitas, a irritante inveja de seu irmão que se transforma em amarga zombaria, a modesta bravura com que se oferece como guerreiro, o entusiasmo juvenil de corajosa confiança no "Senhor [que o] livrou das garras do leão e das garras do urso" (1SM 17:37), a imagem maravilhosamente vívida do jovem herói com seu cajado de pastor em uma das mãos, sua funda na outra, o rude alforje em um lado, onde carregava uma refeição simples, e agora levava "cinco pedras lisas do ribeiro" (v.40) que corria entre os exércitos no fundo do pequeno vale; a fanfarronice do grande campeão, a confiança devota do rapaz no "nome do Senhor dos exércitos" (v.45), a brevidade da narrativa da luta em si, que em suas frases apressadas parece reproduzir a leveza da habilidade do jovem lutador, o rápido zunir da pedra que logo atingiu a grossa fronte de seu opositor; a massa prostrada do gigante morto sobre a terra, e o conquistador, menor e ágil, decepando a enorme cabeça com a própria espada inútil de Golias.

Todos esses incidentes tão cheios de personalidade, tão épicos em suas maneiras, tão carregados de lições acerca da impotência da força que é meramente material, e do poder de um vívido entusiasmo de fé em Deus, podem, para nosso propósito atual, ser passados com uma breve olhadela. Contudo, é preciso dar espaço a uma observação. Após a vitória, Saul é representado como se não soubesse quem era Davi e enviou Abner para descobrir de onde ele provinha. Abner igualmente expressa ignorância; e quando Davi aparece diante do rei, "ainda trazendo na mão a cabeça do filisteu" (v.57), é-lhe perguntado: "Meu jovem, de quem você é filho?" (v.58). Pensa-se que aqui temos uma contradição irreconciliável com as narrativas anteriores, de acordo com as quais havia relacionamento próximo entre ele e o rei, que "gostou muito dele" (1SM 16:21) e lhe deu um cargo de confiança em relação à sua pessoa. Suposições de "deslocamento de narrativa", a adoção descuidada, por parte do compilador, de duas lendas diferentes, e coisas semelhantes, têm sido livremente aceitas. Porém, pode ser pelo menos sugerido como possível explicação da aparente discrepância que, quando Saul havia superado seu comportamento enlouquecido, não é de surpreender que ele tivesse se esquecido de tudo o que ocorrera durante seus ataques. Certamente é fenômeno psicológico bastante comum que um homem restaurado à sanidade não possua lembrança dos acontecimentos durante sua anomalia mental. E, quanto à confissão de ignorância de Abner, um ciúme incipiente desse jovem herói pode naturalmente ter levado o "capitão do exército" a desejar manter o rei tão ignorante quanto possível com relação a um provável rival formidável. Não há necessidade de supor que ele fosse realmente ignorante, mas somente que lhe era conveniente que esse fosse o caso.

Com esse precoce ato de heroísmo, terminaram-se os pacíficos dias de privacidade, e iniciou-se uma nova época de favor na corte e crescente popularidade. A impressão que toda a história deixa é bem resumida por um salmo que a Septuaginta acrescenta ao Saltério. Ele não é encontrado no hebraico e não tem a pretensão de ser obra de Davi, mas, como um currículo do ponto mais saliente de seus primeiros anos, pode, adequadamente, encerrar nossas considerações dessa primitiva época.

> Esse é o salmo autobiográfico de Davi, e ultrapassa o número (isto é, de salmos no Saltério), quando ele lutou uma única batalha contra Golias:
> "(1) Eu era pequeno entre meus irmãos e o mais novo na casa de meu pai. Pastoreava os rebanhos de meu pai. (2) Minhas mãos fizeram a gaita, meus dedos afinaram o saltério. (3) E quem o proclamará a meu Senhor? Ele é o Senhor, Ele me ouvirá. (4) Ele enviou o seu anjo (mensageiro), e me tirou detrás das ovelhas de meu pai, ungindo-me com o Seu óleo da unção. (5) Contudo, meus irmãos eram belos e fortes, mas deles não se agradou o Senhor. (6) Fui ao encontro do filisteu, e ele me amaldiçoou em nome de seus ídolos. (7) Porém eu, desembainhando sua própria espada, decapitei-o e afastei a vergonha dos filhos de Israel".[5]

---

[5] N.T.: Tradução livre de um extrato do poema *On the morning of Christ's Nativity* (Na manhã da natividade de Cristo), de John Milton (1608–74).

CAPÍTULO 3

O exílio
(Parte 1)

Os primeiros anos de Davi na corte de Saul, em Gibeá, não parecem ter produzido nenhum salmo que tenha sobrevivido.

São as mais doces canções
As que falam das mais tristes meditações.[1]

Portanto, era natural que um período cheio de novidades e próspera atividade, muito diferente dos dias calmos em Belém, devesse antes acumular material para uso futuro, em vez de ser frutífero durante a vivência em si. A antiga vida fora deixada para trás, para sempre, como um portal encantado na encosta de uma montanha, e uma terra inexplorada

---

[1] N.T.: Tradução livre de um verso do poema *To a skylark* (Para uma cotovia), de Percy Bysshe Shelley (1792–1822).

acenava adiante. O novo estava ampliando sua experiência, mas devia ser dominado, ser assimilado pela meditação antes de ser vocalizado.

Os fatos desvelados desta seção são familiares e logo descritos. Há o primeiro período no qual Saul confia nele e o estabelece no comando, tendo a aprovação não apenas do povo, mas até mesmo da classe de oficiais. Todavia, uma dinastia recente, que se apoiava na preeminência militar, não poderia deixar que um soldado bem-sucedido ficasse nos degraus que levavam ao trono. E o insistente canto das mulheres de todas as cidades de Israel — que, até mesmo diante de Saul, reagia aos louvores às suas proezas com uma aclamação ainda mais vibrante pelas vitórias de Davi —, pela primeira vez, surpreenderam o rei com uma revelação do sentimento nacional. Sua irrequieta suspeita, "daquele dia em diante, não via Davi com bons olhos" (1SM 18:9). A raiva e o pavor o lançaram novamente nas garras de seu espírito maligno e, em um de seus acessos de ira, ele arremessou sua pesada lança, símbolo de sua realeza, contra o amável harpista com juras de o matar. O fracasso de sua tentativa de assassinar Davi parece ter agravado seu receio de que o jovem tivesse algum encantamento que conquistava todos os corações e afastava todos os perigos dele.

Um segundo estágio é marcado não apenas pelo crescente temor de Saul, mas pela nova posição de Davi. Ele é afastado da corte e colocado em um comando subordinado, o que só amplia sua popularidade, e o traz para um contato mais imediato com a massa do povo. "Porém todo o Israel e Judá amavam Davi, porque fazia saídas e entradas militares diante deles" (1SM 18:16). Em seguida, ocorre a oferta da filha mais velha de Saul em casamento, na esperança de que, jogando com sua gratidão e seu sentimento religioso, Davi pudesse ser induzido a um ato precipitado de bravura que o abateria sem que houvesse escândalo. Contudo, algum novo capricho de Saul o levou a insultar Davi ao quebrar, de última hora, seu juramento e entregar a noiva prometida a outro homem. O coração de Jônatas não era o único, dentre a casa de Saul, que cedeu aos encantos de Davi. A jovem Mical, em segredo, estimava sua imagem e agora fala de seu amor. Seu pai volta ao seu propósito inicial, com a estranha mistura de tenacidade e mudança excêntrica que marcava seu caráter, e novamente tenta garantir a destruição de Davi exigindo um dote grotescamente irracional. Porém, esse plano também falha, e Davi se torna membro da casa real.

O terceiro estágio é marcado pelo aprofundamento do pânico e do ódio de Saul, que agora se tornara uma ideia fixa. Todas as suas tentativas haviam apenas reforçado a posição de Davi, e ele observa seu progresso irresistível com admiração inominável. Com insensatez de um louco, ele convoca Jônatas e todos os seus servos para o assassinar; depois, quando seu filho lhe faz um apelo, sua antiga e melhor natureza o domina e, com um voto solene, promete que Davi não será morto. Davi retorna a Gibeá por um curto período e retoma suas antigas relações com Saul, mas uma nova vitória sobre os filisteus desperta a adormecida inveja. O "espírito mau" vem novamente sobre Saul, e a grande lança voa com fúria cega e crava, tremulante, na parede. É noite, e Davi foge para sua casa. Um furtivo bando de mercenários, provindos do palácio, cercam a casa com ordens de bloquear todas as saídas e, quer seja pela extravagância de um desvairado quer pela cínica falta de vergonha de um tirano, matá-lo em plena luz do dia. Mical — que, embora mais tarde tenha demonstrado traços da orgulhosa incredulidade de seu pai e extrema incapacidade de entender o lado nobre do caráter de seu marido, parece ter sido uma verdadeira esposa nesses primeiros dias — descobriu talvez com os olhos perspicazes de uma mulher, aguçados pelo amor, os rastejantes assassinos e com prontidão apressou a fuga imediata de Davi. As mãos dela o desceram por uma janela — sua casa provavelmente ficava na muralha. Sua hábil astúcia logo "pegou um ídolo do lar" (que parece ter alguma ligação com idolatria ou feitiçaria, o que é um objeto estranho para estar na casa de Davi), "o deitou na cama [...] e o cobriu com um manto" (1SM 19:13) para receber os mensageiros, assim ganha um pouco mais de tempo antes de a busca começar. "Assim, Davi fugiu e escapou, e foi até onde Samuel estava, em Ramá" (v.18), encerrando, assim, sua vida na corte.

Observando essa narrativa, um ou dois pontos se destacam. O valor desses eventos para Davi deve ter resultado, principalmente, nos abundantes acréscimos à sua experiência de vida, que amadureceram sua natureza e desenvolveram novas capacidades. A vida meditativa do pastoreio é seguida pela multidão da corte e do acampamento. O trabalho extenuante, a familiaridade com os homens e a constante adversidade tomam o lugar da plácida reflexão, do calmo isolamento e dos dias tranquilos, que não conheciam transformações, senão da alternância entre Sol e estrelas, tempestade e luminosidade, pastos verdejantes e caminhos poeirentos. Ele aprendeu acerca do mundo real: ódio, esforços, fama vazia e sussurrantes calúnias. Muitas ilusões foram turvadas, mas a luz que brilhava em sua solitude ainda ardia diante dele como seu guia, e uma confiança mais profunda em seu Deus Pastor foi enraizada em sua alma pelos choques da variável sina. A passagem das visões da juventude e das decisões solitárias de uma piedade ininterrupta, dos primeiros dias, para as desnudas realidades de um mundo mau, e o firme domínio próprio da piedade varonil são sempre dolorosos e perigosos. Graças a Deus! Isso pode ser um ganho evidente, como o foi para esse jovem salmista e herói.

A calma indiferença de Davi às circunstâncias exteriores que o afetavam é muito evidentemente expressa em sua conduta. Ele aceita o que quer que aconteça com tranquilidade e não se esforça para o alterar, em parte por causa de seu temperamento poético, em parte por causa de seu doce altruísmo natural e, principalmente, por sua vívida confiança em Deus. Nada tem origem nele. A prosperidade vem, embora não buscada; os perigos chegam e não são temidos. Ele não pede o amor de Jônatas ou o favor do povo, ou as canções das mulheres, ou a filha de Saul. Se o rei lhe dá uma ordem, ele obedece e faz seu trabalho. Se Saul arremessa a lança contra ele, Davi simplesmente se afasta e a deixa passar zunindo. Se a sua elevada posição lhe é tirada, ele se contenta com a mais baixa. Caso uma aliança real seja oferecida, ele a aceita; se ela for retirada, ele não se perturba; se for renovada, ainda está disposto. Se uma sonora rede de intrigas é tecida ao seu redor, ele não lhe dá atenção. Quando a reconciliação é proposta, volta alegremente ao palácio. Quando sua vida é ameaçada, ele vai para casa. Não se move para fugir, a não ser pela insistência de sua esposa. É dessa boa maneira que ele havia começado a aprender acerca da frivolidade da vida. É assim que pratica seu próprio preceito: "Não se irrite por causa dos malfeitores [...]. Descanse no SENHOR e espere nele..." (SL 37:1,7).

Esta parte também dá uma impressão extraordinária do crescimento irresistível de sua popularidade e influência. A energia silenciosa do propósito divino impulsiona seu destino com movimentos lentos e inevitáveis como o de uma geleira. O fluxo firme gira ao redor sem ser notado, ou se levanta vitorioso sobre todos os empecilhos. Os esforços para arruiná-lo, degradá-lo ou assassiná-lo — cada um e todos eles falham. O terror e o ódio, a suspeita e a inveja, de Saul apenas levam Davi para mais perto de seu objetivo. Uma expressão que aparece três vezes no curso de um capítulo expressa esse predestinado progresso. No primeiro estágio de sua vida na corte, lemos: "Davi [...] tinha êxito" (1SM 18:5); e depois, com maior ênfase, diz-se que como resultado dos esforços de Saul em o esmagar, "Davi tinha êxito em todos os seus empreendimentos, pois o SENHOR estava com ele" (v.14); e, novamente, apesar de Saul ser "continuamente seu inimigo" (v.29), ele "obtinha mais êxito do que todos os servos de Saul" (v.30). Davi segue adiante do mesmo modo como as estrelas se movem, obedecendo o impulso uniforme da calma e soberana vontade de Deus.

A conhecida antítese das Escrituras, que naturalmente encontra sua expressão mais clara na afirmação do último escritor inspirado — a saber, a eterna oposição de Luz e Trevas, Amor e Ódio, Vida e Morte — é trazida ao mais nítido realce pela justaposição e contraste entre Davi e Saul. Essa é a chave para a história. Esses dois homens não podem ser mais diferentes em pessoa quanto o são em espírito.

Pensamos em um deles com sua beleza ruiva e lindos olhos, tendo forma esguia; quanto ao outro, pensamos como esquelético e de cabelos escuros, com sua grande força enfraquecida e seu rosto agradável marcado pelos raios de suas fortes emoções — e eles são tal e qual a sua aparência. Um, cheio de alegre energia; o outro, consumido pela melancolia. O primeiro entrando e saindo dentre as pessoas e conquistando o amor universal; o segundo, sentado mal-humorado e autocentrado dentro das paredes de seu palácio. Um trazendo as doces notas de louvor confiante de sua harpa; o outro brandindo sua enorme lança, em sua loucura. Um pronto para a ação e exitoso em tudo; o outro paralisado, encolhendo-se diante de todo trabalho e deixando a condução da guerra a encargo do servo a quem temia. O primeiro, consciente da presença de Deus que o fortalecia e acalmava; o segundo, contorcendo-se nas garras de seu espírito maligno e, ou espumando em fúria, ou enrijecido em torpor. Um deles crescendo constantemente em poder e favor com Deus e com os homens; o outro, afundando em lamaçais mais profundos e envolvido por densas brumas enquanto se move à sua ruína. O trágico *pathos* dessas duas vidas em seu fatídico antagonismo é a encarnação daquela terrível alternância entre morte e vida, bênção e maldição, que o judaísmo almejava estampar indelevelmente na consciência.

A fuga de Davi principia um período ao qual se referem muitos de seus salmos. Podemos chamá-los de "As canções do foragido". Os títulos no saltério ligam vários deles com acontecimentos específicos enquanto perseguido por Saul; além desses, há outros que têm características marcantes em comum e podem, portanto, ser considerados como pertencentes ao mesmo período. O maior volume da primeira categoria se encontra no segundo livro do saltério (SALMOS 42-72), que foi organizado com algum cuidado. Lá estão os primeiros oito salmos dos coraítas e um de Asafe; depois um grupo de 15 salmos davídicos (51-65), seguidos por dois anônimos; mais três da autoria de Davi (68-70), aos quais seguem um anônimo e a bem conhecida oração "de Salomão". Vale a pena notar que o grupo de 15 salmos atribuídos a Davi é dividido em duas metades possíveis: oito deles tendo inscrições que dão uma data específica de composição e sete, sem tal detalhamento. Também houve tentativas de organizar os salmos dessas duas categorias de modos alternativos, mas elas não foram completadas com precisão. Esses fatos demonstram que esses títulos são, em qualquer cenário, tão antigos quanto a compilação do segundo livro do saltério e foram considerados precisos naquele tempo. Muitas considerações acerca do livro de Salmos completo, como o temos, parecem indicar que esses dois primeiros livros eram um núcleo mais antigo, que existiam muito antes da coleção presente e, se isso for verdade, a data dos títulos deve ser levada a uma etapa muito mais anterior e com um incremento proporcional de autoridade.

Dos oitos salmos no segundo livro que possuem títulos com datas específicas, cinco (SALMOS 52, 54, 56, 57, 59) são imputados ao período em que foi perseguido por Saul e, conforme parece, com precisão. Há uma semelhança geral de tom em todos eles, bem como consideráveis paralelismos de sentenças, expressões e metáforas prediletas, o que favorece a hipótese de uma data contemporânea próxima. Todos eles possuem, utilizando-me de uma expressão de outra arte, o que podemos chamar de primeiros modos de Davi. Por exemplo, em todos o salmista está cercado por inimigos. Eles desejam "destruí-lo" (SL 56:1,2; 57:3). Eles tentam tirar-lhe a vida e o "oprimem" (54:3; 56:1). Uma das armas deles é a calúnia, o que parece, pelas referências frequentes, ter abalado muito o salmista. A língua de seus adversários é como navalha (52:2) ou espadas (57:4; 59:7; 64:3). São, para ele, como feras rastejando, prontas para lançar-se sobre uma presa indefesa (56:6; 57:6; 59:3); são "leões" (57:4), "cães" (59:6,14). Davi não tem ciência de ter feito algo para provocar essa tempestade de ódio (59:3; 64:4). A "força", ou "poder", de Deus é sua esperança (54:1; 59:9,17). Ele tem certeza de que a retribuição recairá sobre os inimigos (52:5; 54:5; 56:7; 57:6; 59:8-15; 64:7-8), e faz votos por ter certeza de que ainda entoará salmos de louvor pelo livramento no lugar destes, de lamento (52:9,54:7; 57:7-11; 59:16-17).

Também encontramos uma quantidade considerável de salmos no primeiro livro do saltério que apresentam as mesmas características e, desse modo, provavelmente podem ser classificados juntamente com esses como pertencentes ao tempo de seu exílio. Assim, por exemplo, são os Salmos 7 e 34, ambos contendo inscrições referindo-os a esse período, além de outros que devemos considerar a partir de agora. As imagens do grupo anterior reaparecem neles. Os adversários de Davi são leões (7:2; 17:12; 22:13; 35:17); cães (22:16); touros (22:12). Armadilhas e ciladas estão em seu caminho (7:15; 31:4; 35:7). Davi reafirma ardentemente sobre sua inocência e acerca da bondade de seu coração para com seus perversos adversários (7:3-5; 17:3-4), a quem ele socorreu e lamentou por suas enfermidades (35:13-14) — uma referência, talvez, ao consolo a Saul e seus paroxismos, por meio da música da harpa davídica. Davi aguarda, com veemência, pela retribuição (7:11-16; 11:5-7; 31:23; 35:8) e, com confiança, por seu próprio livramento.

Essas características gerais correspondem, precisamente, às circunstâncias de Davi durante os anos de suas perambulações. O cenário e a vida no deserto colorem as metáforas que descrevem seus inimigos como feras selvagens; ele mesmo, como uma pobre criatura perseguida entre as covas e ciladas; ou como um tímido pássaro voando para penhascos seguros, e Deus como sua Rocha. Suas fortes asserções de inocência concordam com as indicações históricas do ódio gratuito de Saul e parecem distinguir os salmos desse período daqueles durante a revolta de Absalão, nos quais a lembrança de seu grande pecado era profunda demais para lhe permitir tais reivindicações. De semelhante forma, as profecias da destruição dos inimigos são triunfantes demais para se encaixarem naquele período mais tardio de exílio, quando o coração do pai se inclinava com descabida ternura para com seu indigno filho e quase foi dilacerado pela tristeza imprópria a um rei pela morte do rebelde. A confiança em Deus, igualmente, tem em si uma nota de regozijo no perigo, que corresponde à emergente fé que o acompanhava por todas as desesperadas aventuras e escapatórias, por um triz, da perseguição promovida por Saul.

Se, então, pudermos ler esses salmos, com alguma confiança, em associação com aquele período, que nobre retrato de uma alma intrépida e devota podemos encontrar neles! Nós vemos Davi em seu primeiro resplendor de virilidade — por volta dos 25 anos — enfrentando perigos dos quais ele está plenamente consciente, com uma força tranquila e um entusiasmo de confiança que eleva seu espírito acima de tudo isso, até um território de comunhão com Deus que não pode ser invadido por qualquer tumulto, e onde nenhuma lembrança de qualquer transgressão o perturbava ou manchava. Sua harpa é seu consolo em suas andanças; e, embora notas de lamento soem de suas cordas, como é necessário para as mais profundas harmonias de louvor aqui, cada nota de gemido se funde em notas claras e vibrantes de alegre comunhão com o "Deus misericordioso".

Referências distintas a acontecimentos específicos durante suas perambulações são, sem dúvida, raras nestes salmos, embora sejam mais óbvias do que muitas vezes se assume descuidadamente. Alega-se a falta de frequência e o tom comparativamente vago delas, em detrimento à precisão das inscrições que encaixam certos salmos em ocasiões específicas. Entretanto, por mais que seja verdadeiro que essas alusões sejam raras e inexatas, o fato está certamente mais a favor do que contra a adequação dos títulos. Ora, se eles não são sugeridos por referências óbvias nos salmos aos quais foram afixados, pelo que podem eles ser sugeridos senão por uma tradição consideravelmente mais antiga do que a compilação do saltério? Ademais, a analogia de todo o restante da poesia nos levaria a esperar exatamente o que encontramos nesses salmos: alusões gerais, e não detalhadas, às circunstâncias do escritor. A imaginação poética não reproduz os fatos prosaicos, nus e crus, conforme ocorreram, mas o seu eco partido e etéreo. Ela paira sobre eles até que venham à vida e a criatura alada irrompa deles para cantar e voar nas alturas.

Se aceitarmos o título como exato, o *Salmo 59* é a primeira dessas *canções do foragido*. Ele se refere ao tempo quando

"Saul mandou mensageiros à casa de Davi, que o vigiassem, para ele o matar" (1SM 19:11). Os críticos que rejeitam essa data, o que fazem com embasamento muito fraco, perdem-se em um caos de suposições quanto à ocasião do salmo. A invasão caldeia, os ataques no tempo de Neemias e a era dos Macabeus são alegadas com igual confiança e falta de embasamentos. "Cremos que é mais aconselhável ficar com o título e mais científico ignorar essas hipóteses construídas sobre nada" (Delitzsch).

O *Salmo 59* é um comentário devocional e poético acerca da história em Samuel. Lá temos os fatos explícitos sobre os assassinos rondando a casa de Davi à noite; de Mical o avisando; do truque sagaz dela para ganhar tempo e da fuga rápida de Davi para encontrar Samuel, em Ramá. Na narrativa, Davi está, como é comum a esse período, passivo e silente; porém, quando nos voltamos para esse salmo, entendemos o tom de sua mente enquanto o perigo surge contra ele, e as artimanhas e os temores habituais desvanecem diante de seu elevado entusiasmo de fé.

O salmo começa abruptamente com um veemente clamor por socorro, que é repetido quatro vezes, trazendo assim diante de nós, mais vividamente, o extremo perigo e a persistência da confiança do suplicante. A ternura peculiar e a proximidade de seu relacionamento com seu Amigo celestial, que é tão característica dos salmos de Davi e que eles praticamente foram os primeiros a expressar, respira o nome pelo qual se invoca tal auxílio: "Deus meu" (SL 59:1). Os inimigos são retratados em palavras que correspondem precisamente à história e que, por sua variedade, revelam o quão tremendos eles eram para o salmista. Estes "armam ciladas à minha alma" (v.3 — literalmente, tecem conspirações). Eles "praticam a iniquidade" e são "sanguinários" (v.2), insolentes ou violentos ("fortes" na versão em português). Davi afirma sua inocência, como sempre nesses salmos ligados a Saul, e apela a Deus em confirmação: "...sem que eu tenha cometido qualquer transgressão ou pecado, ó Senhor" (v.3). Ele observa essas ansiosas ferramentas da maldade real se apressando para seu conveniente trabalho: "eles se apressam para me atacar" (v.4). E, depois, elevando-se acima de todo o mal que o rodeia, ele se agarra ao trono de Deus e clama, o que ganha força adicional quando lembramos que os prováveis assassinos cercavam sua casa à noite. "Desperta, vem ao meu encontro e vê" (v.4), como se dissesse: "Nas trevas, tu enxergas; à meia-noite, não dormes".

A oração é continuada em palavras que amontoam, com inusitada abundância, os nomes divinos, em cada um dos quais há um apelo a Deus e um pilar de fé: Iavé, a Fonte autoexistente de um Ser eterno; o Deus dos Exércitos, o Comandante de todos os poderes envolvidos em batalhas do Universo, quer seja espiritual ou física; o Deus de Israel, que chama esse povo de Seu e se torna deles também — Davi provoca a força de Deus para "[despertar], pois, e [castigar] todas as nações" (v.5) — uma oração que se supõe compelir a referência de todo o salmo aos ataques das nações gentias, mas que pode ser aceita como uma antecipação dos lábios de Davi da verdade que "nem todos os de Israel são, de fato, israelitas" (RM 9:6). Após uma terrível petição — "não te compadeças de nenhum dos que traiçoeiramente praticam a iniquidade" (SL 59:5) — há uma pausa (*Selah*) a ser preenchida, como se poderia pensar, por alguns acordes da harpa ou do soar de trombetas, dando assim tempo para permanecer nos pedidos anteriores.

No entanto, o pensamento acerca do adversário ainda o persegue, e ele cai novamente no nível mais profundo de retratá-los se reunindo ao redor de sua casa e sussurrando enquanto tomam posição. Aparentemente, a vigilância foi mantida por mais de uma noite. Davi, então, lança seu crescente escárnio por eles nas sarcásticas palavras: "Ao anoitecer, uivam como cães, à volta da cidade" (v.6 — ou "fazem suas rondas pela cidade"). Quase os vemos como furtando em meio à escuridão, como os bandos de vira-latas violentos que infestam as cidades do Oriente, e ouvimos suas ameaças à meia voz enquanto eles rastejam nas sombras das ruas não iluminadas. Depois, ficando mais ousados à medida que a noite avança e o sono recai sobre as casas silenciosas: "Proferem ameaças; em seus lábios há espadas. Pois dizem: 'Quem vai ouvir?'" (v.7).

Em magnífico contraste com esses ocultos assassinos que se julgam invisíveis e inaudíveis, a fé demonstrada por Davi fende o Céu e, com uma ousada imagem que é copiada em um salmo muito mais tardio, demonstra Deus os observando com o desprezo divino, irrompendo em riso e zombaria (2:4). Um versículo curto, que ocorre novamente no final do *Salmo 59*, encerra a primeira porção do poema com uma tranquila manifestação de uma confiança impassível, em um belo contraste com o perigo e o tumulto de alma de onde ele se levanta, firme e etéreo, como um arco-íris atravessando uma catarata. Um ligeiro erro parece ter se esgueirado ao texto em hebraico, que pode ser facilmente corrigido a partir do versículo paralelo ao final, e, assim as confiantes palavras são: "Em ti, força minha, esperarei; pois Deus é meu alto refúgio" (v.9).

A segunda porção é uma intensificação da primeira. Davi derrama uma terrível oração por uma retribuição exemplar a seus inimigos, pedindo que não recaia sobre eles uma rápida destruição, mas que Deus, antes de tudo, os "disperse" pelos golpes de Seu poder; que sejam arremessados ao chão prostrados; que seu orgulho e mordazes palavras sejam redes para os prender; e, por fim, que Deus os reduza a nada nas ardentes chamas de Sua ira — para que o mundo possa saber que o Senhor é rei. A imagem de cães rastejantes retorna com maior escárnio e uma confiança mais firme, de modo que caçarão em vão a sua presa.

Ao anoitecer, uivam como cães, à volta da cidade.
Vagueiam à procura de comida
e, se [ou, uma vez que] *não se fartam,*
então rosnam [em sua busca]. SALMO 59:14

Há quase um sorriso em sua face enquanto ele pensa em seus adversários o caçando, como cães famintos farejando em busca de comida em seus canis e, então, uivando decepcionados — ao mesmo tempo que ele está seguro fora de seu alcance. O salmo encerra com uma alegre explosão de confiança, e um voto de louvor muito característico a seus lábios:

Eu, porém, cantarei a tua força;
pela manhã louvarei com alegria
a tua misericórdia,
pois tu me tens sido alto refúgio

e proteção no dia da minha angústia.
A ti, força minha, cantarei louvores,
porque Deus é meu alto refúgio,
é o Deus da minha misericórdia.
SALMO 59:16-17

Davi repete três vezes seu voto de louvor. A sua harpa era sua companheira nessa fuga e, mesmo em meio ao perigo, transparece a natureza do poeta que considera tudo como material para uma canção, e o espírito consagrado reputando todas as provações como ocasiões para louvar o Senhor. Ele acalmou seu próprio espírito, da mesma forma que acalmara o de Saul; por meio de suas músicas e pela oração, elevou-se acima das lutas e temores.

O refrão que ocorre duas vezes no salmo testemunha o crescimento de sua fé à medida que ele canta. Inicialmente, Davi apenas podia dizer, em paciente expectativa: "Em ti, força minha, esperarei, pois Deus é meu alto refúgio" (v.9). Porém, ao final sua disposição está melhor, sua alma é movida e incendeia-se; suas últimas palavras são uma ampliação triunfante de sua convicção inicial: "A ti, força minha, cantarei louvores, porque Deus é meu alto refúgio, é o Deus da minha misericórdia" (v.17).

CAPÍTULO 4

O exílio
(Parte 2)

"Assim, Davi fugiu, e escapou, e veio a Samuel, a Ramá, e lhe participou tudo quanto Saul lhe fizera; e foram, ele e Samuel, e ficaram em Naiote" (1SM 19:18, ARC) — ou, o que a palavra provavelmente significa, "na casa dos profetas", habitada pelos filhos dos profetas, onde, possivelmente, deveria haver algum tipo de local de refúgio. Para lá guiado devido a perseguição de Saul, e depois de ter tido uma triste última hora na companhia de Jônatas — a penúltima na Terra — ele fugiu para Nobe, para onde a arca havia sido levada após a destruição de Siló. A história de sua fuga não havia chegado à solitária cidadezinha entre as colinas, e ele foi recebido com a honra devida ao genro do rei. Davi argumenta que tem uma tarefa secreta dada por Saul como o motivo de sua aparição com uma pequena comitiva desarmada. O sacerdote, depois de pequena hesitação, provê os famintos fugitivos com o pão sagrado.

Contudo, o rápido olhar de Davi avistou um rosto moreno observando-o de alguma clausura daquele simples santuário próximo ao bosque; quando reconheceu Doegue, o feroz edomita chefe dos pastores de Saul, um frio pressentimento lhe chegou ao coração, fazendo-o exigir armas ao sacerdote. O solitário tabernáculo era guardado apenas por sua própria santidade e não havia armas lá, exceto um troféu que trazia um bom presságio a Davi — a espada de Golias. Ele ansiosamente aceitou a inigualável arma que fora agarrada por suas mãos naquele dia de perigo e libertação. Assim, armado, a fim de que Doegue não tentasse impedir sua fuga, Davi se apressa a fugir da busca que, sabia ele, logo seria trazida sobre si pela maligna língua do edomita.

O final trágico da bondade do desavisado sacerdote expõe a furiosa e irracional suspeita e a crueldade de Saul. Ele se enfurece com seus servos, como se tivessem se aliado a Davi, em palavras que possuem o mais soturno som de total solidão gemendo entre toda a sua feroz loucura: "todos vocês [conspiraram] contra mim [...]. Não há nenhum de vocês que tenha pena de mim..." (1SM 22:8). Doegue está ávido por adular e receber benefícios ao contar sua história, e a descreve de forma a suprimir o fato de que o sacerdote ignorava a fuga de Davi e para representá-lo como tendo ajudado e consolado propositalmente o rebelde. A intensa ira se inflama no espírito sombrio de Saul, e toda a população dos sacerdotes de Nobe é convocada diante do rei, opressa por amargas reprimendas, tem sua confissão de ignorância ignorada, e é ordenado à guarda que os matem todos, ali e naquele momento. Os próprios soldados se encolhem diante desse sacrilégio, mas há uma ferramenta disposta à mão. O sangue selvagem de Edom, incendiado por ódio ancestral, não deseja trabalho melhor, e Doegue coroa sua vileza ao assassinar — sem dúvida, com a ajuda de seus pastores. Assim, "Naquele dia ele matou oitenta e cinco homens que vestiam estola sacerdotal de linho" (1SM 22:18), e extirpou completamente qualquer coisa vivente da pequena e indefesa cidade.

O *Salmo 52*, refere-se, conforme seu cabeçalho, a esse período, mas a correspondência entre a história e o tom do salmo é duvidosa. Ele é uma repreensão veemente e uma profecia de destruição contra um inimigo cuja hostilidade foi expressa em "palavras devoradoras" (v.4). Tal representação não se aplica muito precisamente ao Doegue dos livros históricos, à medida que descreve o adversário do salmista como "homem poderoso" (v.1) — ou melhor, como um "grande guerreiro" (NVT), e como confiando "na abundância dos seus próprios bens" (v.7) —, e coloca a ênfase na censura contra ele por ser, confirmadamente, um mentiroso. Contudo, a covarde ação do derramamento de sangue pode ser veladamente aludida no amargo sarcasmo do termo "grande guerreiro", como se Davi houvesse dito: "Ó valente herói, exibes tuas proezas ao assassinares sacerdotes e mulheres desarmados?". A história contada por Doegue a Saul era uma inverdade, pois deu a impressão de que havia cumplicidade entre os sacerdotes e Davi, e, assim, causou a morte deles sob falsas acusações. As demais características da descrição não são contrárias à narrativa e a maior parte delas está em óbvia harmonia com a história. Desse modo, o salmo pode ser tomado como demonstração do quão profundamente a alma de Davi foi abalada pela tragédia. Ele derrama palavras descontínuas de intensa e justa indignação:

Com a língua você trama planos de destruição;
ela é como navalha afiada, que só produz enganos.
Você ama todas as palavras devoradoras[1],
ó língua fraudulenta! SALMO 52:2,4

Davi profetiza a destruição do cruel embusteiro e a exultação dos justos quando ele cair, em palavras que, certamente, pertencem à antiga aliança de retribuição e, ainda assim, comunicam uma verdade que o sentimentalismo moderno acha muito chocante, mas que é testemunhado continuamente no alívio que enche o coração das nações e dos indivíduos quando os homens maus são extintos — "A cidade [...] dá gritos de alegria quando perecem os ímpios" (PV 11:10).

Também Deus o destruirá para sempre;
ele o pegará e arrancará[2] da tenda em que você habita
e o extirpará da terra dos viventes.
Os justos verão tudo isso, temerão e vão rir dele...
SALMO 52:5-6

Em confiante segurança, ele contrapõe sua alegre comunhão com Deus a essa sombria tragédia da retribuição: "Quanto a mim, porém, sou como a oliveira verde na Casa de Deus..." (v.8).

---

[1] Literalmente, "palavras que engolem".

[2] A força completa do termo é "o arrancará do braseiro como uma brasa incandescente" (Delitzch).

O inimigo será "extirpado"; o salmista florescerá como consequência de uma vida e vigor que vêm de Deus. Se a conjectura de Robinson de que Nobe ficava no monte das Oliveiras for correta (o que é bastante duvidoso), a alusão aqui ganharia pertinência. Da mesma forma como as oliveiras brotam ao redor do humilde santuário na floresta, e estavam, até certo ponto, santificadas pelo templo que envolviam, assim a alma cresce e está segura em amável comunhão com Deus. Seja como for, as palavras expressam a serena confiança do fugitivo de que ele está a salvo sob a protetora misericórdia divina, e ecoam as esperanças de um salmo seu, mais antigo: "habitarei na Casa do SENHOR para todo o sempre" (SL 23:6). A tempestuosa indignação dos primeiros versículos dá lugar à paz calma e à espera paciente em louvor e fé.

Sempre te louvarei, porque assim o fizeste;
na presença dos teus fiéis, esperarei no teu nome,
porque é bom. SALMO 52:9

Fugindo sob perseguição a partir de Nobe, Davi e sua pequena comitiva atravessam o país em direção sudoeste, abrigando-se na segurança das montanhas entrelaçadas, até que, do lado oeste das colinas de Judá, ele observa a ampla e verdejante planície da Filístia. Atrás dele, vinha um tirano enlouquecido; à sua frente, estavam os incircuncisos inimigos de seu povo e seu Deus. Sua condição era desesperadora, e ele teve de recorrer a medidas desesperadas. A cidade filisteia mais próxima, a cerca de 16 quilômetros, que ele avistou da altura onde se encontrava, era Gate. O vale onde ele havia matado o principal guerreiro dos filisteus estava logo ao seu lado. Cada centímetro daquele solo era familiar por seus muitos saques e batalhas. Era um recurso perigoso se abrigar em Gate, tendo a espada de Golias pendendo de sua bainha.

No entanto, Davi deve ter esperado não ser reconhecido, ou pensado que o mais famoso comandante de Saul seria um hóspede bem-vindo, por ser um banido, na corte dos filisteus. Davi lançou-se nessa possibilidade e buscou refúgio na cidade de Golias; logo veio a descoberta, e da forma mais ameaçadora. Era um mau sinal que os servos de Aquis pudessem citar as palavras do canto de vitória que o exaltava como o executor de seus compatriotas. A vingança pela morte do nobre guerreiro deles era muito provável de logo ocorrer. As dúvidas quanto à sua identidade parecem ter persistido por pouco tempo e terem sido comunicadas, de forma particular, primeiramente ao rei. Elas, de algum modo, chegaram a Davi e despertaram sua vigilante atenção, bem como seu temor.

A profundidade de sua agitação e seus rápidos artifícios são demonstrados por seu degradante truque de fingir insanidade mental — com certeza, a ação menos heroica de sua vida. Que visão de um louco furioso traz a descrição de sua conduta quando os servos de Aquis chegaram para o prender! Ele "[fingia]-se de louco nas mãos deles" em simuladas contorções de possessão; esmurrava[3] os "batentes dos portões e deixava escorrer saliva pela barba" (1SM 21:13). A perspicácia israelita se aproveitava da tolice filisteia, algo que foi praticado desde os tempos de Sansão em diante, e o tacanho rei

---

[3] A Septuaginta parece ter seguido uma leitura diferente nesse texto daquela que temos em nosso atual texto em hebraico, e a mudança acrescenta uma cláusula muito pitoresca à descrição. Seria mais provável que um louco esmurrasse o grande portão de duas folhas do que o "arranhasse"

de Gate cai na cilada e ri, desfazendo-se da suspeita com uma descuidada anedota às custas de seus servos, ao afirmar que a última coisa de que ele precisava era de mais um louco. Uma rápida fuga do território filisteu terminou esse episódio.

O *Salmo 56*, que é referido por seu título a esse período, parece, à primeira vista, estar em estranho contraste com as impressões extraídas da narrativa. Mas, examinando-o mais de perto, observa-se que ele confirma a exatidão da referência em função de seu conteúdo. O aterrorizado fugitivo, devendo sua segurança a um truque, e babando como um idiota nas mãos de seus rudes captores, possuía uma vida interior de confiança forte o suficiente para conter seu pavor mortal, embora não o aniquilasse. O salmo é bastante superior à conduta — é tão incomum, a ponto de gerar surpresa. Que tão elevadas e sinceras afirmações de fé e submissão coexistam com sentimentos tão antagônicos a elas?

Em vez de considerar o contraste entre as palavras e os atos como prova de que esse salmo seja tão erroneamente atribuído ao período em questão, agradeçamos por mais um exemplo de que uma fé imperfeita pode ser genuína e de que, se não pudermos nos elevar às alturas das fortalezas inabaláveis, Deus aceita uma confiança trêmula que luta contra o pavor mortal e que se agarra, com mãos fracas, à Palavra de Deus e à memória de todos os seus livramentos passados. É precisamente esse conflito de fé e temor que o salmo coloca diante de nós. Ele se divide em três porções, das quais a primeira e a segunda são encerradas por um tipo de refrão (vv.4,10,11) — uma estrutura característica a muitos desses salmos ligados à perseguição empreendida por Saul (como nos SALMOS 57:5,11; 59:9,17). Essas duas porções se iniciam com uma descrição vívida do risco que Davi corre, do qual ele se levanta à fé expressa nas palavras de conclusão. A repetição dos mesmos pensamentos em ambas não deve ser considerada como um artifício frio de composição, porém, como a verdadeira expressão da corrente de seus pensamentos. Ele vê seus inimigos se aproximando, prontos para o devorar — "são muitos os que atrevidamente[4] me combatem" (SL 56:2). Enquanto o pavor se arrastava até seu coração, "Davi [...] teve muito medo" (1SM 21:12), contudo, ele se ergueu à confiança, como diz em palavras que expressam muito enfaticamente a coexistência dos dois sentimentos e trazem uma preciosa lição quanto à realidade até mesmo de uma forma de fé intermitente, matizada por muitas linhas negras de dúvidas e temores: "Quando eu ficar com medo, hei de confiar em ti" (SL 56:3).

Depois, irrompe em expressões de louvor e confiança — às quais havia subido pela escada da oração.

Em Deus, cuja palavra eu exalto,
neste Deus ponho a minha confiança e nada temerei.
Que me pode fazer um mortal? SALMO 56:4

Quão acentuadamente essas palavras expõem o objeto de sua confiança como não sendo meramente a promessa de Deus — que, no caso de Davi, pode ser a promessa específica que incluía sua designação ao trono —, mas o Deus que

---

[4] Literalmente, "altivamente". Poderia ser uma alusão à estatura gigantesca dos parentes de Golias em Gate? Ouvimos falar de quatro homens que "eram descendentes dos gigantes em Gate, e foram mortos por Davi e seus soldados" (2Sm 21:22).

promete, a mais íntima natureza dessa confiança como sendo uma viva união com Deus, confiança cujo poder luta contra seu temor e o capacita agora a dizer "*nada* temerei".

Entretanto, ele novamente cai dessa altura; outra onda de temor quebra sobre ele e quase o varre de sua rocha. Seus inimigos, com incessante maldade, aprisionam suas palavras; ocultam-se em emboscadas, são como cães em seu encalço, desejam tirar sua vida. As tumultuadas frases retratam o extremo perigo e a agitação do cantor. Sua alma ainda está arfando com a piora da tempestade, embora as rajadas de vento venham com mais irregularidade e estejam terminando na calmaria. Ele não está tão temeroso que não possa se voltar a Deus; volta-se a Ele porque está com medo — como os discípulos, séculos mais tarde, sentiram tanto pavor que tiveram de despertar seu Mestre, pois tinham tamanha confiança de que o Seu despertar seria suficiente.

Davi implora a Deus, como em salmos anteriores, contra seus inimigos em palavras que vão muito além da ocasião e conectam seu próprio livramento aos juízos de Deus sobre toda a Terra. Com tristeza, recorda sua situação de desabrigo e seus pesares em termos que exibem a característica mistura de esperança e dor, e que estão belamente em acordo com a data designada ao salmo: "Contaste os meus passos quando sofri perseguições…" (v.8). Davi não está sozinho nessas batalhas desgastantes desde Gibeá até Ramá, de Ramá a Nobe, de Nobe a Gate, de Gate para onde ele ainda desconhece. Um amigo o acompanha em todas elas. E, como um alforje era um equipamento necessário para um viajante, a menção de suas peregrinações sugere a ousada e terna metáfora da próxima frase: "Recolhe as minhas lágrimas no teu odre…"

— uma prece em favor da própria lembrança de seus sofrimentos, diante de cuja existência ele declara imediatamente sua confiança — "...não estão elas inscritas em teu livro?". A verdadeira função da comunhão fiel com Deus é pedir pelas bênçãos dele, e delas se apropriar, as quais se tornam nossas no exato momento. Davi sabe que esse clamor dispersará seus inimigos, pois Deus está com ele. E, assim, novamente se eleva à altura da confiança onde, por um momento, seus pés já estiveram plantados e, mais uma vez (mas agora com ainda maior ênfase expressa por uma amplificação que apresenta, uma única vez no salmo, o poderoso nome da Aliança), ele explode em seu acorde triunfante.

Em Deus, cuja palavra eu louvo,
no SENHOR, *cuja palavra eu louvo,*
neste Deus ponho a minha confiança
e nada temerei. Que me pode fazer
um simples ser humano? SALMO 56:10-11

E desse tom de confiante expectativa, ele não torna a cair. A oração trouxe sua principal bênção: "a paz de Deus, que excede todo entendimento..." (FP 4:7). O inimigo sumiu à sua vista, o temor foi terminantemente vencido pela fé; o salmo que começa com um clamor melancólico termina em louvor pelo livramento, como se ele já tivesse ocorrido.

Pois tu livraste a minha alma da morte;
não livrarás os meus pés da queda,
para andar diante de Deus na luz dos viventes?
SALMO 56:13 ACF

O exílio (Parte 2)

Davi já se considera salvo; sua pergunta não é uma expressão de dúvida, mas de certeza. Ele contempla o propósito em todo o agir de Deus com ele como sendo para que as atividades da vida possam todas ser conduzidas na alegre consciência do olhar do Senhor, daquele que é, ao mesmo tempo, Guardião e Juiz de Seus filhos. Esse herói e santo se ergueu muito acima de seus temores e das mentiras pelo poder da súplica e da música desse salmo!

Naturalmente, Davi fugiu de Gate para território israelita. A localização exata da caverna de Adulão, onde o encontraremos a seguir, é duvidosa. Contudo, muitas fortes razões cooperam para que se rejeite a tradição monástica que a coloca mais distante no leste, em um dos uades que correm de Belém até o mar Morto. Deveríamos esperar que ela fosse mais acessível a uma rápida marcha a partir de Gate. Obviamente seria conveniente para ele permanecer perto da fronteira entre a Filístia e Israel, a fim de que pudesse rapidamente cruzar a fronteira de um lado para o outro à medida que os perigos aparecessem. Além disso, a cidade de Adulão é frequentemente mencionada e sempre em relações que fixam sua localização como à margem da grande planície filisteia e não distante de Gate (2CR 11:7, entre outros). Não há motivo para supor que a caverna de Adulão estivesse em um distrito completamente diferente da cidade.

Os montes de Dã e Judá, que emergem abruptamente pela planície a poucos quilômetros de Gate, são cheios de "extensivas escavações" e lá, sem dúvida, devemos procurar pela abertura rochosa onde Davi se sentiu a salvo de qualquer perseguição e de onde poderia observar a vasta região do rico país da Filístia. Gate se estendia a seus pés, próximo estava o vale onde havia matado Golias, os cenários das bravuras de Sansão o rodeavam. Toda a sua família correu para ele naquele local, apavorados, sem dúvida, que a vingança de Saul recaísse sobre eles. E lá ele reuniu seu bando de 400 homens desesperados, impelidos pela pobreza e pela miséria e, provavelmente, pela crescente tirania do rei. Eles eram indomáveis, soldados brutais de acordo com a descrição pitoresca: "O rosto deles era como de leões, e eles eram ligeiros como gazelas sobre os montes" (1CR 12:8). Não eram bandoleiros, mas parece que agiam como um tipo de guardas de fronteira contra os beduínos, ao sul, e os filisteus, a oeste, para os criadores de ovinos da fronteira, a quem o governo de Saul era fraco demais para proteger.

Foram muitos anos enfrentando batalhas desmedidas e fugindo da perseguição de Saul, contra quem deve se observar, Davi jamais empregou qualquer arma, apenas preferiu escapar. O efeito de tal vida em sua natureza espiritual foi aprofundar sua dependência incondicional de Deus; pela alternância de calor e frio, temor e esperança, perigo e segurança. Com isso, a alma desse homem foi temperada e tornou-se flexível, robusta e brilhante como o aço. Essa vida desenvolveu em Davi as qualidades de um líder de homens, ensinando-lhe a comandar e a exercer a resignação, a prontidão e a paciência, o valor e a gentileza. Ela lhe conquistou o título de defensor da nação, conforme afirmou o servo de Nabal acerca dele e de seus soldados: "Eles eram como um muro ao nosso redor, tanto de dia como de noite…" (1SM 25:16). Davi trouxe para seu lado um exército de homens dedicados a ele com um vínculo entusiasta criado a partir de longos anos de perigos em comum e da cordial amizade oriunda de muitas marchas diurnas e acampamentos noturnos com vigílias ao redor das fogueiras, sob as luzentes estrelas.

CAPÍTULO 5

O exílio
(Parte 3)

Temos apenas um salmo cujo título se conecta ao início da estadia de Davi em Adulão — o *Salmo 34*. A suposição de que ele é datado desse período agrega grande força a muitas de suas partes e traz uma unidade ao que é, de outro modo, aparentemente fragmentário e desconexo. Ao contrário daqueles que já foram considerados aqui, que eram meros solilóquios, este é pleno de exortação e conselho, como naturalmente seria o caso se fosse escrito quando amigos e seguidores começassem a se reunir sob seu estandarte. Parece um longo suspiro de alívio pela escapatória de um perigo que acabara de findar; seu refrão fala sobre o livramento divino e insta a confiar nele. Não é necessário frisar mais prolongadamente o quanto esse tom corresponde perfeitamente às circunstâncias ocorridas logo após sua fuga de Gate para Adulão. Os perigos que Davi havia temido e o clamor a Deus, que transmitira, ainda estão presentes em sua mente e ecoam por toda a sua canção, como um triste acorde tocado com sutileza, surgindo por um momento e se afogando nas ondas de alguma música triunfante.

Busquei o Senhor, e ele me acolheu;
livrou-me de todos os meus temores. v.4

Clamou este aflito, e o Senhor o ouviu
e o livrou de todas as suas angústias. SALMO 34:6

E a "cor local" do salmo igualmente corresponde às circunstâncias de Adulão. Por exemplo, é muito adequada a forma com que é proclamada a proteção divina quando pensamos no pequeno bando acampando entre os penhascos: "O anjo do Senhor acampa-se ao redor dos que o temem e os livra" (v.7). Da mesma maneira que seu grande ancestral, Davi é encontrado, durante sua fuga no deserto, pelos guardiões celestiais: "...deu àquele lugar o nome de Maanaim" (isto é, *dois acampamentos,* GN 32:2), como se discernisse a sua frágil companhia cercada pelos armamentos etéreos de um exército de guerreiros de Deus que os rodeasse, através de cujas fileiras impenetráveis seus inimigos teriam de se embrenhar antes de poder alcançá-lo. Lemos que, no tempo de Sansão, havia leões nesse distrito (veja JUÍZES 14:8-9), e podemos reconhecer essa imagem como sugerida por seus rugidos entre as ravinas e suas formas delgadas perambulando próximo à caverna. "Os leõezinhos passam necessidade e sentem fome, porém aos que buscam o Senhor bem nenhum lhes faltará" (SL 34:10).

Após isso, ele passa a diligentes instruções e exortações, que são deveras apropriadas por serem uma proclamação, a seus guerreiros, dos princípios pelos quais seu acampamento deve ser governado. "Venham, meus filhos, e escutem...", Davi se considera como encarregado de guiá-los à piedade: "...eu lhes ensinarei o temor do Senhor" (v.11). Provavelmente, lembrando-se de seu engano em Gate, ele os orienta: "Refreie a língua do mal e os lábios de falarem palavras enganosas" (v.13). Eles não devem apreciar a guerra, mas procurar a paz e empenhar-se "por alcançá-la" (v.14). A essas exortações seguem-se as alegres garantias dos vigilantes olhos divinos sobre os justos e Seus ouvidos abertos a seu clamor; do livramento, por suas súplicas, de qualquer dificuldade ou problemas que tenham de enfrentar; da proteção, que preserva todos os ossos dos retos, de modo que nem os ataques do adversário, nem os perigos dos despenhadeiros poderão quebrá-los — e tudo coroado com o contraste sempre presente na mente de Davi, tendo uma referência pessoal aos seus inimigos e a ele mesmo:

A desgraça matará o ímpio,
e os que odeiam o justo serão condenados.
O Senhor resgata a alma dos seus servos,
e dos que nele confiam nenhum será condenado.
SALMO 34:21-22

Esses eram os conselhos e ensinamentos do jovem líder a seu pequeno bando, nobres instruções gerais de um comandante no começo de sua campanha!

Também ousamos referir o *Salmo 27* a esse período. Na verdade, os autores que admitem que esse salmo seja de autoria de Davi normalmente supõem que ele pertença ao tempo da rebelião de Absalão. A razão para encaixá-lo em um período tão tardio é a referência do versículo 4 à habitação na Casa do Senhor e à meditação em Seu Templo[1]. Supostamente, isso demandaria que fosse uma data subsequente ao transporte da arca para Jerusalém e a colocação dela no santuário temporário. Contudo, embora o anelo pelo santuário seja, sem dúvida, característico dos salmos relativos à peregrinação posterior, não é, de forma alguma, necessário supor que neste caso o desejo (que Davi representa como o anseio de sua vida) fosse meramente um anelo pela presença corporal em um templo material. De fato, a linguagem em si parece impedir tal interpretação. Certamente, o desejo por uma habitação na Casa do Senhor, que era sua única aspiração, desejada continuamente por todos os dias de sua vida, algo que o cercaria com a privacidade da proteção em face das perturbações, que seria como um arsenal de rochas ao seu redor, era diferente daquele desejo mórbido por um isolamento impossível no tabernáculo, adequado a algum monarca medieval enfermo, que enterrava sua tola cabeça e fraco coração em um monastério em vez de refugiar-se no Ungido de Deus. Vimos anteriormente um primeiro germe desse mesmo anelo no Salmo 23, as mesmas palavras referidas aqui; e a interpretação dele é a mesma interpretação do

---

[1] "O versículo 4 em sua presente forma deve ter sido escrito após o Templo ser construído." *The Psalms chronologically arranged* (Os salmos organizados cronologicamente, em tradução livre), p. 68 e seguintes, por Ewald, em cuja imperiosa crítica, o "deve ter sido" opera maravilhas.

Salmo 27. O salmista respira seu anseio pela comunhão com Deus, que será, ao mesmo tempo, uma visão, uma orientação, a vida oculta em meio ao sofrimento, estabilidade e vitória, e irromperá em música de louvor perpétuo.

Se, portanto, não somos obrigados, pelas palavras em questão, a adotar a data mais tardia, há muito no salmo que surpreendentemente corresponde ao anteriormente analisado neste capítulo e lança uma bela ilustração ao temperamento do salmista nesse período. Arriscamo-nos a supor uma dessas alusões nas palavras:

Quando malfeitores me sobrevêm
para me destruir,
meus opressores e inimigos,
eles é que tropeçam e caem.
SALMO 27:2

Elas são normalmente consideradas como uma mera expressão geral, sem qualquer alusão a um evento específico. Porém, há um incidente na vida de Davi que forçou sua memória por conta do recente perigo sofrido por ele em Gate: seu duelo com Golias, exatamente compatível com a linguagem muito peculiar daqui. O salmo emprega as mesmas palavras que as da narrativa, contando como o filisteu "vinha caminhando e se aproximava de Davi" (1SM 17:41). A vanglória do fanfarrão, "darei a sua carne às aves dos céus e aos animais do campo" (1SM 17:44), ecoa na expressão especial do salmo, e a imagem enfática e veloz, *"eles* é que tropeçam e caem" (ênfase adicionada), é, ao mesmo tempo, uma reminiscência do momento em que a pedra se encravou na grossa fronte de Golias, "e ele caiu com o rosto no chão" (1SM 17:49), bem como uma referência a um triunfo anterior na história de Israel, celebrado com grande exultação no agreste cântico que envolve, sob a língua, as palavras como um bocado de doce enquanto fala de Sísera:

Aos pés dela ele se encurvou,
caiu e ficou estirado;
a seus pés se encurvou e caiu;
onde se encurvou, ali caiu morto.
JUÍZES 5:27

Outra nota autobiográfica nesse salmo tem sido questionada com fundamentação insuficiente:

Porque, se o meu pai e a minha mãe me abandonarem,
o Senhor me acolherá. SALMO 27:10

Dentre todos os eventos, é admirável coincidência que a única menção a seus pais, após os primeiros capítulos de sua vida, caia precisamente nesse período da história, e é tal que poderia sugerir essas palavras. Lemos em 1 Samuel 22:3-4 que ele se arriscou por todo o caminho desde Adulão até Moabe para implorar asilo da fúria indiscriminada de Saul para seu pai e sua mãe (que eram, sem dúvida, muito idosos para compartilhar de seus perigos, como faria o restante de sua família). Após preparar-lhes um gentil acolhimento, talvez apelando ao sangue de Rute, a moabita, que corria nas veias de Jessé, Davi retornou a Belém, trouxe de lá o idoso casal e os preservou em segurança no seu refúgio. É certamente mais natural pressupor que o salmo seja o eco lírico desse evento; e é patético conceber que o salmista estivesse pensando em seu feliz lar em Belém, agora desértica, tendo seus irmãos espreitando com ele entre as rochas e seus pais exilados em terras pagãs. Lágrimas lhe enchem os olhos, mas ele os levanta para um Pai que jamais é separado dele, e sente que não é mais órfão ou desabrigado.

O *Salmo 27* é admirável por causa de sua transição abrupta de sentimento, que o divide em duas partes: uma cheia de esperança jubilante e fé entusiasmada (vv.1-6); e outra, um humilde clamor por auxílio (vv.7-14). Não há necessidade de supor, juntamente com alguns críticos, que aqui temos dois hinos independentes erroneamente unidos. Somente uma pessoa com pouco conhecimento das flutuações da vida devota surpreende-se em encontrar uma passagem tão rápida da confiança para a fraqueza consciente. Embora a ordem costumeira dos salmos, bem como a ordem natural na experiência de bons homens, é a oração por livramento preceder o louvor e triunfo, a verdadeira comunhão com Deus não é ligada a ordens mecânicas e pode iniciar com a contemplação de Deus e a percepção dos mistérios da beleza de Seu lugar secreto, antes de fixar-se na Terra. O canto da cotovia, à medida que ela desce da "privacidade da gloriosa luz" para seu ninho nos sulcos rochosos, é (embora mais melancólico) tão doce quanto aquele do tempo em que sobe em círculos ao céu. Possivelmente, é um efeito mais nobre da fé principiar com Deus e entoar hinos à vitória, como se já houvesse sido conquistada, do que começar com a aflição e clamar por libertação. Todavia, independentemente de como a iniciemos, a oração feita na Terra deve incluir ambas; e, enquanto formos fracos e Deus for a nossa força, seus elementos devem ser "súplica e ação de graças" (FP 4:6). A prece de nosso salmo retorna ao seu começo e, depois de um tristonho clamor por auxílio, brota novamente em confiança (SL 27:13-14). O salmista estremece enquanto medita na tragédia que recairia sobre ele se não confiasse em Deus, e deixa uma frase incompleta, como um homem que, olhando um temível precipício, começasse a retroceder cobrindo seus olhos, antes que pudesse ver o fundo do abismo.

Oh! Se eu não houvera crido que veria
a bondade de [Iavé]
na terra dos viventes! SALMO 27:13 TB

Depois, regozijando-se em recordar como, apesar de sua frágil confiança, ele foi salvo, Davi anima a si próprio a exercer uma fé mais firme em palavras que são, por si mesmas, um exercício de fé bem como uma incitação a ela:

Espere no SENHOR.
Anime-se, e fortifique-se o seu coração;
espere, pois, no SENHOR. SALMO 27:14

Aqui está o verdadeiro e mais elevado tipo de comunhão com Deus da parte de uma alma atribulada, quando o obscuro temor e a consciência de fraqueza estão contidos em um aro dourado de alegre confiança. Que o nome de Deus seja o primeiro em nossos lábios, e o clamor ao nosso rebelde coração para que confie nele seja o último. Então, entre eles, podemos meditar em nossa solidão, fragilidade, em nossos inimigos e temores, sem perder a mão de nosso Pai segurando a nossa.

Davi estava jubiloso em seu ninho de águia entre as rochas, porque ele começara com Deus. O homem que afirmou: "O SENHOR é a minha luz e a minha salvação; de quem terei medo?" (v.1), estava em perigo real. Foi durante uma pausa crítica em sua sina, quando ainda não sabia se a maldade de Saul seria implacável, que ele disse: "se estourar contra mim a guerra, ainda assim terei confiança" (v.3). Foi em gratidão pelo seguro refúgio entre as escuras cavernas das colinas que ele celebrou a habitação da alma em Deus com palavras tingidas por suas circunstâncias: "no dia da adversidade, ele me ocultará no seu abrigo; no interior do seu tabernáculo, me acolherá; ele me porá no alto de uma rocha" (v.5). Foi durante o tempo que tinha a Filístia, no sopé da montanha, à sua frente, e o reino de Saul armado, por atrás, que sua confiança triunfante estava certa de que "Agora, será exaltada a minha cabeça acima dos inimigos que me cercam" (v.6). Foi na fraqueza, não expelida sequer por fé tão jubilante, que ele implorou taciturnamente pela misericórdia de Deus, e lançou diante de Seu propiciatório, como o maior apelo, Suas próprias palavras: "Busquem a minha presença..."; e a humilde resposta de Seu servo foi: "...Buscarei, pois, SENHOR, a tua presença" (v.8). Conjuntamente, essas ações tornaram impossível que aquela Presença, cujos raios são luz e salvação, fosse afastada. O passado divino chega a seus lábios como um pedido por um presente que seja consistente com esse passado e com Seu poderoso nome. "Tu és o meu auxílio; não me deixes, nem me abandones, ó Deus da minha salvação" (v.9). Sua solidão, sua ignorância quanto à estrada, e os inimigos que o vigiavam (assim como aquele outro Saul [ou Saulo], "respirando ainda ameaças e morte" (AT 9:1), tornaram-se para ele, em sua crédulas petições, não fundamentos para o temor, mas arrazoados com Deus; tendo assim dominado tudo o que trazia agonia a seu quinhão, o salmista se ergueu novamente à esperança e se motivou a apegar-se a Deus, ser forte e ousado porque sua expectativa estava sobre Ele.

Após abandonar Adulão, por meio do conselho do profeta Gade, que a partir desse momento parece ter sido sua companhia até o fim de seu reinado (veja 2 SAMUEL 24:11) e que mais tarde se tornou seu biógrafo (1 CRÔNICAS 29:29), Davi buscou refúgio, como é costumeiro aos fugitivos, em florestas. Em seu retiro nesses locais, algum ponto entre as agora desarborizadas colinas de Judá, ele ouviu falar acerca de um ataque de pilhagem feito pelos filisteus em uma das infelizes cidades de fronteira. Os saqueadores haviam se lançado sobre o regozijo das eiras com o grito de batalha e varreram toda a colheita anual. Os banidos resolveram desferir um golpe nos velhos inimigos. Talvez uma das razões tenha sido o desejo de Davi mostrar que, por mais que fosse um fugitivo, ele era a espada de Israel, e não o mórbido retardatário de Gibeá, que só era levado à ação por enlouquecida inveja. O pequeno bando lançou-se das colinas sobre os filisteus, sobrecarregados por seus despojos, recapturou o gado que, como salteadores, eles estavam conduzindo ao seu território a partir das fazendas arruinadas, e os derrotou com grande matança.

Contudo, os covardes habitantes de Queila tinham menos gratidão do que medo; e o banido genro do rei era um hóspede muito arriscado, ainda que ele fosse membro da mesma tribo que eles e os tivesse livrado do inimigo. Saul, que não saíra de sua melancólica reclusão para combater a invasão, convocou uma reunião de última hora, na esperança de capturar Davi na pequena cidade, como uma raposa em sua toca. Os cidadãos acovardados consideraram preservar suas casas ao entregar seu defensor. Davi e os 600 homens se salvaram por meio de uma fuga veloz e, como parece ser o caso, ao se dividirem em destacamentos; "...e se foram sem rumo certo" (1SM 23:13), embora Davi, com alguns deles, tenha rumado ao inóspito deserto que se estende desde as colinas de Judá até às margens do mar Morto, escondendo-se lá em "lugares seguros" entre os penhascos e as intrincadas matas. Com feroz perseverança, "Saul buscava-o todos os dias, porém Deus não o entregou nas suas mãos" (1SM 23:14).

Um sopro de amor, fragrante e fortalecedor, chegou ao seu fatigado coração quando Jônatas encontrou passagem por onde Saul não poderia ir, e os dois amigos se encontraram uma vez mais. Na solidão das matas, eles novamente se aliançaram, e o belo altruísmo de Jônatas é estabelecido nas palavras: "Você será rei de Israel, e eu serei o segundo depois de você" (1SM 23:17), ao passo que um terrível vislumbre nesse mistério de uma vontade impiedosa que conscientemente resiste ao inevitável é dado quando se acrescenta: "o que também Saul, meu pai, bem sabe". O filho do rei não tem parte em tal resistência, visto que é nitidamente percebido que ele retornou para casa.

A traição, vinda da parte dos homens de sua própria tribo, mais uma vez persegue os passos de Davi. O povo de Zife, uma pequena localidade na fronteira do deserto do sul, entrega seu esconderijo a Saul. O rei recebe a informação com uma efusão de agradecimentos, no qual estão mesclados, de modo mais patético e assombroso, um ciúme furioso e uma religião pervertida, um senso de total solidão e tristeza e uma estranha autocomiseração: "Que vocês sejam benditos do SENHOR, porque tiveram pena de mim" (1SM 23:21). Ele os envia para acompanhar sua presa, e quando eles o localizaram em sua caverna, Saul segue com seu exército e os posiciona ao redor da colina onde Davi e seus companheiros espreitam. O pequeno bando tenta escapar, mas estão cercados e aparentemente derrotados. No exato momento em que a cilada estava se fechando, um mensageiro repentino, "afogueado de tanta pressa"[2], precipita-se ao encontro do exército de Saul com a notícia de uma grande invasão: "Venha depressa, porque os filisteus invadiram a terra" (1SM 23:27). Assim, a ávida mão, pronta para golpear e esmagar, é recolhida; e a hora de maior aflição se torna a hora do livramento.

Em um período no mais profundo declínio de sua sorte, temos um breve *Salmo 54*, muito simples e triste. Ele traz o título: "De Davi, quando os zifeus foram dizer a Saul: 'Não está Davi escondido entre nós?'", e provavelmente pode se referir à primeira das duas traições perpetradas pelos homens de Zife. A própria extremidade do perigo levou o salmista a ficar calmo e silente. A dolorosa necessidade abreviou sua oração. Ele está plenamente convicto de que Deus o ouve; assim, não usa muitas palavras, pois é a incredulidade, e não a fé, que nos leva a nos acercar de Seu trono com o muito falar. Davi está confiante como sempre, porém sente-se que

---

[2] N.T.: Citação de Shakespeare, do original "fiery red with haste". *A Tragédia do Rei Ricardo II*, Ato 2, Cena 3. Trad. Carlos Alberto Nunes. São Paulo: Editora Peixoto Neto, 2017.

há certo autocontrole e um ar deprimido nas breves petições, o que indica a profundidade de sua angústia e a inquietação de sua prolongada ansiedade. Apenas duas notas ressoam de sua harpa: um clamor melancólico por auxílio e um agradecimento pela libertação, como se já concretizada. As duas estão intimamente ligadas pela recorrência, em cada uma delas, da expressão "o nome" de Deus, que é, ao mesmo tempo, a fonte de sua salvação e o tema de seu louvor. Temos somente de ler a humilde súplica para sentir que elas falam de um espírito, de certo modo, sobrecarregado pelo perigo e relaxado pela elevada disposição de confiança triunfante.

Salva-me, ó Deus, pelo teu nome,
e faze-me justiça pelo teu poder.

Ó Deus, ouve a minha oração;
inclina os teus ouvidos às palavras da minha boca.

Porque estranhos se levantam contra mim,
e tiranos procuram a minha vida;
não põem a Deus perante os seus olhos.
SALMO 54:1-3 ARC

Os inimigos são chamados de "estranhos"; mas, como vimos na primeira dessas canções do exílio, não devemos necessariamente supor que eles não eram israelitas. Os zifeus eram homens de Judá, como o próprio Davi, e há uma amarga ênfase, bem como um feixe de luz, de percepção do caráter espiritual do verdadeiro Israel, ao chamá-los de forasteiros. Outros adjetivos, "homens cruéis", "violentos", ou como traduzimos, "tiranos", correspondem muito acertadamente ao caráter de Saul em seus últimos anos, o que não deixa espaço para dúvida de que se referem a ele. Se assim for, o abrandamento da severa descrição pelo uso de plurais está em bela concordância com a leniência perdoadora que percorre toda a conduta de Davi para com Saul.

Não ocorrem palavras duras acerca do próprio Saul nos salmos. Seus conselheiros, espias, mentirosos, que caluniavam Davi para ele, e, buscando seus interesses, jogavam com sua natureza desconfiada — ferramentas que se asseguravam de que os planos cruéis, desenvolvidos por eles mesmos, fossem levados a termo — inflamavam a ira de Davi. Ela, porém, raramente se acendia com relação ao infeliz monarca, a quem Davi amava com contínua caridade, enquanto Saul viveu, e lamentou com magnífico pronunciamento quando ele morreu. As alusões tornam-se ainda mais prováveis em função da correspondência verbal com a narrativa que registra que "Saul saíra à busca de sua vida" (1SM 23:15 ARC).

Um acorde ou dois da harpa permitem à mente se fixar no pensamento acerca dos adversários e prepara para a segunda parte desse salmo. Nela, o agradecimento e a confiança fluem das petições da porção anterior. Contudo, o louvor não é tão cheio de júbilo, nem a confiança, tão vitoriosa, como já vimos em outros salmos. "A paz de Deus" veio como resposta à oração, mas é, de alguma forma, subjugada:

Eis que Deus é o meu ajudador,
o Senhor é quem me sustenta a vida.
SALMO 54:4

O exílio (Parte 3)

Os inimigos queriam sua vida, mas o livro histórico nos fornece a antítese: "Saul buscava-o todos os dias, porém Deus não o entregou nas suas mãos" (1SM 23:14). Algumas traduções, como a da Almeida Revista e Corrigida (ARC), "o Senhor está com aqueles que sustêm a minha alma", estão corretas, em termos literários, mas não expressam o significado da expressão hebraica. Deus não é considerado como *um* entre muitos ajudadores, mas como sendo *o único* sustentador, ou amparador, de sua vida. Crendo dessa forma, o salmista naturalmente confia, como consequência, que seus inimigos serão atingidos com o infortúnio por causa da maldade deles. Os lábios proféticos da fé chamam à existência as coisas que não existem. Em meio aos seus perigos, Davi anela por canções de livramento e alegres sacrifícios de louvor. Assim, o salmo é encerrado com palavras que se aproximam das mais fervorosas exclamações que já ouvimos, como se essa canção tivesse erguido seu próprio espírito acima de seus temores:

Eu te oferecerei sacrifícios voluntariamente;
louvarei o teu nome, ó Senhor, *porque é bom.*

Pois ele me livrou de todas as minhas aflições;
e os meus olhos viram a ruína dos meus inimigos.
SALMO 54:6-7

O nome, o caráter revelado de Deus, era o depósito de todas as energias salvíficas às quais ele apelou no versículo 1. Esse será o tema de seu louvor quando o livramento chegar. Aqui, o nome é quase considerado equivalente à personalidade divina, esse nome é bom, *ele* o libertou. Assim sendo, podemos dizer que esse breve salmo nos traz o nome do Senhor como o único pensamento de uma alma piedosa, em tribulação; ele nos ensina, por seus simples *páthos*, como a contemplação de Deus, da forma como Ele mesmo se deu a conhecer, deve ser a base para cada clamor por auxílio e o ápice de todas as ações de graças. Ao mesmo tempo, assegura-nos de que quem quer que busque pela salvação por esse poderoso nome pode, mesmo em meio aos problemas, regozijar-se como se o livramento já houvesse ocorrido. E tais pensamentos devem ser sustentados em uma fé pelo menos tão firme quanto a do antigo salmista, por nós, a quem o "nome" do Senhor é "revelado" por Aquele que é a expressão completa de Deus e o depósito de todas as bênçãos e auxílio a Seus "irmãos" (HB 2:12).

Uma pequena planície de cerca de 1,5 quilômetro de largura desce gentilmente em direção ao mar Morto perto do centro de sua costa oeste. Ela é rodeada por alguns penhascos brutais que, no lado norte, projetam-se em um íngreme paredão até a beira da água. Em ambas as extremidades, há um riacho que desce por um vale profundo, afunilado por uma vegetação exuberante; grandes figueiras, juncos e avencas cobrindo as rochas. Acima, nas colinas que formam sua fronteira ocidental, há uma fonte que cintila à luz e cai no platô abaixo em longas e delgadas correntes. Algumas pedras cinza e desgastadas marcam o local onde ficava uma cidade que já era antiga quando Abraão vagava por aquela região. Foram encontrados alguns vestígios das florestas de palmeiras que, conforme indica o nome, foram desmatadas para o assentamento da cidade (Hazezon Tamar, O desmatamento das palmeiras), contendo incrustações de calcário nas ravinas quentes e úmidas; e ruínas de terrenos planos, onde eram plantadas videiras, podem ser encontrados nas nuas encostas. Entretanto, a exuberância que havia nos tempos de Davi não existe mais, e os preciosos riachos alimentam apenas uma floresta assombrada por leopardos e íbex. Essa é a fonte e a planície de En-Gedi (a fonte da cabra selvagem), um local que necessita apenas trabalho e cuidados para transformá-lo em um pequeno paraíso. Para ali, Davi fugiu proveniente do deserto vizinho, sem dúvida, atraído pela segurança dos imensos desfiladeiros e colinas acidentadas, bem como pela abundância de água da fonte e dos riachos.

O episódio pitoresco e tocante de seu encontro com Saul tornou o lugar memorável para sempre. Há muitas escavações nos rochedos que cercam a fonte, que pode ter sido a caverna — escura como a noite para quem olha para dentro com olhos recém-desviados do reflexo ofuscante do sol sobre o calcário, mas que mantém uma brilhante penumbra para aqueles que olham para fora com olhos acostumados à escuridão — em cujo recesso mais interior Davi estava escondido, enquanto Saul detinha-se em sua entrada. A narrativa fornece uma imagem nítida do rápido colóquio entre o pequeno bando, quando a vingança sumária foi assim, inesperadamente, colocada a seu alcance. Os ferozes seguidores sussurraram sua sugestão de que seria "tentar o destino" deixar tal possibilidade escapar; porém a nobre natureza de Davi não conhecia qualquer animosidade pessoal e, nesses primeiros anos, não estava manchada por crueldade ou desejo por sangue.

No entanto, ele não conseguiu resistir à tentação de demonstrar seu poder e quase exibir-se por sua tolerância ao arrastar-se pela escuridão e cortar "a ponta do manto de Saul" (1SM 24:5). Isso era pouco se comparado ao que Davi poderia ter facilmente feito: atingi-lo no coração enquanto ele estava acocorado e indefeso. Mas tratava-se de uma brincadeira deselegante, de cunho prático, que escondia um rude insulto; e o rápido retorno da nobreza de sua natureza o envergonhou de tê-lo feito assim que ele retornou com seu troféu. Sentiu que a santidade do ofício de Saul, como "ungido do Senhor" (1SM 24:6), deveria tê-lo preservado do escárnio.

O rei partiu em seu caminho completamente inconsciente do que ocorrera e, ao que parece, não havia ainda reunido seus soldados quando Davi, deixando para trás o seu bando (muito irritados, inquestionavelmente, diante de seu tolo escrúpulo), cedeu a uma efusão de antiga amizade e chamou o rei em alta voz, arriscando ser descoberto e capturado em sua emoção generosa. A dramática conversa que se seguiu é eminentemente característica de ambos os homens, tão tragicamente ligados e nascidos para causar infortúnios um ao outro. A advertência de Davi (veja 1 SAMUEL 24:9-15) é cheia de grandeza, de ferida afeição ainda existente, de consciente retidão, de apelo solene e devoto ao julgamento de Deus. Ele não tem palavras de repreensão para Saul, nenhuma leve censura, nenhuma ira taciturna, nenhuma retribuição de ódio por ódio. Ele quase pleiteia com o infeliz rei e, mesmo assim, não há nada indigno ou débil em seu tom. Todo o conteúdo é pleno de compatibilidade, amiúde de identidade verbal, com os salmos que atribuímos a esse período.

As calúnias das quais ele com tanta frequência reclama nesses salmos são o assunto de suas primeiras palavras a Saul, a quem considera como se tivesse o coração envenenado por calúnias: "Por que o senhor dá atenção às palavras dos que dizem que Davi quer fazer-lhe mal?" (1SM 24:9). Afirma inocência absoluta de qualquer coisa que justificasse a hostilidade do rei, da mesma forma como o faz tão decisivamente nos salmos. "Não há em mim nem mal nem rebeldia. Nunca pequei contra o rei..." (1SM 24:11); do mesmo modo como nos salmos, em que frequentemente se compara a algum animal selvagem perseguido (como as cabras nos penhascos de En-Gedi), assim diz a Saul: "...ainda que ele esteja à caça da minha vida para tirá-la de mim". E seu apelo contra as calúnias, equívocos e crueldades da Terra ao perfeito tribunal de Deus é expresso, em termos de linguagem, em cada expressão encontrada em seus salmos. "Que o SENHOR Deus seja o meu juiz e julgue entre nós dois. Que ele examine e defenda a minha causa, me faça justiça e me livre das mãos do rei" (1SM 24:15).

O desafortunado Saul novamente irrompe em lágrimas passionais. Com elas lampejando repentinamente em emoção veemente, que lhe é tão característica e tão expressiva de seu débil autocontrole, ele reconhece a generosa tolerância de Davi e seu contraste com sua própria conduta. Por um momento, em todos os eventos, Saul vê, como que por um relâmpago, o insano desalento da escura estrada que percorre ao resistir ao decreto que tornou o seu rival em rei e o compele, por meio de juramento, a poupar sua família quando se assentar no trono. O quadro suscita terríveis pensamentos de suave compadecimento pela pobre alma abatida, que se contorce em desesperança e vive em uma grande solidão do temor, mas da qual os esparsos brilhos de uma antiga nobreza ainda irradiam. Assim, o desafortunado volta ao seu soturno isolamento em Gibeá, e Davi, à vida livre nas montanhas do deserto.

CAPÍTULO 6

O exílio
(Parte 4)

Há, nos Salmos, muitos ecos desse período em En-Gedi. Provavelmente, o mais audível deles pode ser encontrado no *Salmo 7*, que é reconhecido por todos como sendo da autoria de Davi, até mesmo tendo Ewald concordando com o consenso. Essa é uma ode irregular, pois esse é o significado do termo *shigagaion* no título, e por seu ritmo quebrado e transições abruptas testifica acerca da emoção do autor. Sua ocasião é mencionada como "com respeito às palavras de Cuxe, benjamita". Esse é um nome peculiar para um israelita; por isso, supõe-se que seja uma designação alegórica a algum personagem histórico e uma expressão de seu caráter. Podemos traduzi-lo como "o negro". Os comentaristas judeus consideram que se refere a Saul, contudo, o tom amargurado do salmo, tão incomum com a tolerante paciência de Davi para com o homem a quem jamais cessou de amar, vai em sentido contrário à essa suposição. Simei, o benjamita, cuja língua infame amaldiçoou Davi em ira violenta enquanto este fugia de Absalão, também foi considerado; porém, os pontos de correspondência com a data mais antiga são muito numerosos para sustentar tal referência. Parece melhor conceber que Cuxe, "o negro", era alguém da tribo de Saul que se destacava entre os caluniadores sobre os quais vemos Davi reclamando com o rei. Se for isso, não há um período na perseguição empreendida por Saul no qual tais palavras se encaixem mais naturalmente do que no *Salmo 7*. Seus principais pensamentos são precisamente aqueles que ele derramou tão ardorosamente em seu ávido apelo quando ele e Saul estavam face a face na encosta solitária da colina. Eles são expressos em poesia, de fato, uma vertente mais elevada, mas essa é a única diferença; ao passo que há muitas coincidências verbais e pelo menos uma referência à história, o que parece estabelecer a data com considerável certeza.

Nele, vemos a alma do salmista se derramando com a erupção de grandes emoções, o que culmina em ondas sucessivas de sentimentos variados. Primeiro (vv.1-2), de terror misturado com confiança, o inimigo retratado (como é tão comum nesses salmos) como um leão que despedaça a carne e quebra os ossos de sua presa, e o refúgio em Deus descrito por uma palavra simbólica muito frequente também nos salmos contemporâneos a este (11:1; 57:1, entre outros). Depois, em rápida transição, vem a ardorosa declaração de sua inocência, em palavras apressadas, partidas pelo sentimento e se afastando, com indignação, das calúnias, acerca das quais não falará de modo mais definitivo do que ao chamá-las de "isto":

*Senhor, meu Deus, se eu fiz isto,
se há perversidade nas minhas mãos,*

*se paguei com o mal àquele que tinha paz comigo
(antes, livrei ao que me oprimia sem causa);*

*persiga o inimigo a minha alma e alcance-a;
calque aos pés a minha vida sobre a terra
e reduza a pó a minha glória.* SALMO 7:3-5 ARC

Todas essas palavras concordam admiravelmente com aquilo que disse a Saul: "...vê que não há na minha mão nem mal nem prevaricação nenhuma, e não pequei contra ti; porém tu andas à caça da minha vida, para ma tirares" (1SM 24:11 ARC); e a singular reiteração na narrativa do termo "mão[s]", que ocorre seis vezes em quatro versículos (veja 1 SAMUEL 24:4,6,10-11 ARC), tornar-se muito enfática. A introdução peculiarmente abrupta da cláusula "livrei ao que me oprimia sem causa", no versículo 4 (ARC), que desloca completamente a estrutura gramatical, é melhor expressa pela suposição de que a mente de Davi ainda permanece cheia de tentação de manchar suas mãos com o sangue de Saul e está vividamente consciente do esforço que teve de fazer para vencê-la. A solene invocação de destruição, que ele ousa dirigir a Iavé, seu Deus, inclui a figura familiar dele mesmo como um fugitivo diante de caçadores, que se encontra nas palavras já mencionadas e que, aqui, permanece em ligação imediata de sua afirmação de ter mãos limpas.

Depois, segue-se outra mudança brusca, um clamor veemente a Deus para que julgue a sua causa; seu caso individual se funde ao pensamento de um julgamento mundial, pintado com grande poder com três ou quatro grandes e velozes pinceladas.

Levanta-te, SENHOR, na tua indignação,
mostra a tua grandeza contra a fúria dos meus
adversários e desperta-te em meu favor,
segundo o juízo que designaste.

Reúnam-se os povos ao redor de ti,
e das alturas domina sobre eles.

O SENHOR julga os povos; julga-me, SENHOR,
segundo a minha justiça e segundo a integridade
que há em mim. SALMO 7:6-8

Cada pequeno ato do juízo divino está ligado ao julgamento final do mundo; é uma profecia dele e está, em princípio, unido a ele. Aquele que por fim será conhecido como o Juiz universal de todos certamente não pode deixar sem reparação a causa de Seus servos, tampouco que o clamor deles não seja atendido. O salmista é levado, por sua própria história, a perceber mais intensamente a verdade de uma manifestação divina com propósitos judiciais para o mundo todo, e seus lábios proféticos enunciam essa solenidade como o maior penhor de sua própria libertação. Davi vê as nações reunidas de pé e caladas diante do Juiz, e o Deus vitorioso, no encerramento do ato solene, ascendendo às alturas, onde antes estava, acima das cabeças da grandiosa multidão (veja SALMO 68:18). Na fé dessa visão, e porque Deus julgará as

O exílio (Parte 4)

nações, Davi invoca para si mesmo a antecipação do triunfo final do bem sobre o mal e pede para ser tratado de acordo com a justiça e integridade que havia nele.

Nada, senão uma irremediável determinação em encontrar dificuldades, poderia criar uma incongruência em tais palavras. Davi não está falando da inteireza de seu caráter ou de sua vida, mas de sua conduta em uma questão específica, isto é, seu relacionamento com Saul. A justa integridade que implora que Deus vindique não é a sua cabal impecabilidade ou a conformidade interior à Lei de Deus, mas a sua ausência de culpa em todo o seu procedimento para com seu gratuito inimigo. A sua oração para que Deus o julgasse era distintamente equivalente ao seu frequente e repetido clamor por libertação, que deveria, como por arbitramento divino, decidir o debate entre Saul e ele. Toda a passagem no *Salmo 7*, com toda sua brusquidão lírica e sublimes imagens, é a expressão do mesmo pensamento que encontramos tão proeminente em suas supracitadas palavras a Saul, com relação a Deus julgando entre eles e libertando Davi das mãos de Saul.

O paralelo é instrutivo, não apenas por trazer a versão prosaica da poesia do salmo e destrinchá-lo de modo que não haja possibilidade de mal-entendidos, mas, igualmente, como tão fortemente confirmatório da data que atribuímos a este salmo. É muito improvável, quase inconcebível, que os repentinos temas desconexos do salmo ecoassem tão precisamente a *totalidade* dos argumentos usados no protesto dos livros históricos e ainda, além disso, preservassem as semelhanças verbais e alusões históricas a elas, a menos que fossem do mesmo período e, portanto, uma admissão ao interior da mente do fugitivo enquanto ele se escondia "nas encostas das rochas das cabras selvagens" (1SM 24:2).

Nesse aspecto, o restante do *Salmo 7* é muito admirável e significativo. Temos dois pensamentos principais nele: aquele no qual Deus pune o mal nesta vida, e aquele da autodestruição inerente a todo pecado. Ambos são expressos com extraordinário vigor como se para atestar, de uma vez, a profunda emoção do salmista e sua familiaridade com tais ideias durante seus dias de perseguição. Semelhantemente, é notável que a linguagem seja cuidadosamente afastada de qualquer referência pessoal. Ele ergueu-se para a contemplação da grande lei do governo divino e, nessa elevação, os inimigos, cujas calúnias e crueldades o levaram até Deus, esvaem-se até a insignificância.

Com que magnífica ousadia ele retrata Deus, o Juiz, vestindo-se de Sua armadura de destruição!

Deus é justo juiz,
Deus que sente indignação todos os dias.

Se alguém não se converter, Deus afiará a sua espada;
já armou e deixou pronto o seu arco;

para ele já preparou armas mortais,
fez as suas setas inflamadas. SALMO 7:11-13

Certamente, não há nada mais grandioso em qualquer poesia do que essa tremenda imagem, esculpida com tão poucos golpes do cinzel, tão verdadeira quanto magnífica. A representação se aplica aos fatos da vida, acerca dos quais, como que dirigidos por uma Providência presente, e não de alguma futura retribuição, Davi está aqui refletindo. Entre esses fatos, está a punição que recai sobre o antagonismo obstinado contra Deus. Os modos modernos de pensar encolhem-se diante de tais representações; mas toda a história do mundo abunda com a confirmação de sua verdade, no entanto, o que Davi chama de "setas inflamadas" de Deus, os homens chamam de "consequências naturais do mal". A revelação de Deus em Cristo, séculos depois, traz a uma maior proeminência o caráter disciplinar de toda a punição aqui, porém, não atenua sequer um til da intensidade com a qual a primeira revelação compreendeu a verdade de Deus como um justo Juiz em eterna oposição e em aversão ao mal.

Com essa solene imagem incandescendo diante de seus olhos interiores, o profeta-salmista observa o ímpio, que terá de suportar o impacto dessas armas de luz. Convocando-nos para o testemunhar, por meio do termo "Eis" (v.14), Davi relata a respeito de seu destino com figuras que ocorrem frequentemente nos salmos desse período, que são muito naturais nos lábios do homem vagando no deserto entre criaturas selvagens e, por vezes, tropeçando nas armadilhas colocadas para eles: "Abre e aprofunda uma cova, e cai nesse mesmo poço que faz" (v.15). O solo desintegrante, no qual ele cava, torna suas pisadas mais frágeis, nas beiradas, a cada pá de terra removida; por fim, determinado em seu trabalho, despenca. É a convicção de todas as nações, mencionada em Provérbios, e aqui expressa por Davi em uma figura extraída da vida: a convicção de que todo pecado cava seu próprio sepulcro e é autodestrutivo.

O *Salmo 7* não proclama uma verdade, ainda mais profunda, de que essa ação automática, pela qual o pecado aciona a sua própria punição, tem um propósito disciplinar; de tal forma, as setas de Deus ferem objetivando a cura, e Sua armadura é cingida a favor do sofredor, embora possa parecer contrária a ele. Contudo, não seria difícil demonstrar que essa verdade é subjacente a toda a doutrina da retribuição do Antigo Testamento e é óbvia em muitos salmos davídicos. No presente salmo, o livramento da presa caçada é contemplado como o fim do perplexo caçador caindo em sua própria cilada, e o pensamento do salmista não viaja para além disso. Sua própria segurança e a certeza de que seu apelo ao juízo divino não será em vão enchem sua mente e, sem prosseguir além com o destino de seu inimigo, ele encerra essa canção de emoções tumultuosas e variadas com a calma confiança e com um voto de agradecimento pelo livramento que já é considerado como concretizado:

Eu, porém, louvarei o SENHOR *[Iavé],*
segundo a sua justiça,
e cantarei louvores ao nome do SENHOR *[Iavé] Altíssimo.*
SALMO 7:17

Temos ainda o *Salmo 57* que é mais bem atribuído a esse período. De acordo com o título, ele pertence ao tempo quando Davi "fugia de Saul, na caverna". Naturalmente, ele pode se aplicar tanto a Adulão como a En-gedi, e não há nada decisivo a ser alegado em prol de uma ou outra ocasião; no entanto, uma ou duas semelhanças com o Salmo 7 inclinam a balança mais para o último período.

Essas semelhanças são a designação de seus inimigos como leões (7:2 e 57:4), a imagem deles caindo em sua própria armadilha (7:15 e 57:6); o uso da expressão "minha glória", em vez de "minha alma" (7:5 E 57:8 ARC — no original, *kabowd*); o nome de Deus como "Altíssimo" (7:17 e 57:2), uma expressão que ocorre apenas mais duas vezes nos salmos davídicos (9:2 e 21:7); o paralelismo em sentido entre a petição que forma o centro e o encerramento de um: "Sê exaltado, ó Deus, acima dos céus..." (57:11) e aquele que é o desejo mais enfático do outro: "Levanta-te, SENHOR [...] e desperta-te em meu favor..." (7:6).

Outra correspondência, não preservada em nossa versão em inglês [N.T.: idem em português], é o emprego em ambos de uma rara palavra poética, que originalmente significa "completar", e assim veio a ter naturalmente um significado secundário: "aperfeiçoar" e "levar a cabo". A palavra em questão ocorre apenas cinco vezes no Antigo Testamento, e sempre nos salmos. Quatro desses são hinos atribuídos a Davi, dos quais dois são: "Deus que por mim tudo *executa*" (57:2) e "Que *cesse* a maldade dos ímpios" (7:9). O uso da mesma palavra peculiar em duas conexões tão diversas parece mostrar que elas estavam, como se diz, "em sua cabeça" naquele tempo e é, talvez, uma hipótese mais forte da contemporaneidade de ambos os salmos, do que teria sido se o termo tivesse sido empregado em ambos os salmos com a mesma aplicação.

É característico desses salmos mais iniciais de Davi a ocorrência de um refrão (compare o Salmo 56 e o Salmo 59), que, nesse exemplo, encerram ambas as porções das quais o salmo consiste. A primeira dentre as partes (vv.1-5) exala a confiança em oração, daí passa a descrever os perigos ao redor; a segunda inverte a ordem e começa com os perigos e angústias, erguendo-se à alegria e ao triunfo retumbantes, como se a vitória já houvesse sido conquistada. O confiante apego de alma do salmista a Deus é expresso por uma imagem que pode ser ligada às circunstâncias em En-gedi: "...em ti a minha alma se refugia..." (SL 57:1). A versão em inglês está correta quanto ao sentido, embora ela oblitere a bela metáfora quando traduz "se refugia". O significado literal do verbo é "fugir para um refúgio" e seu emprego aqui pode ser devido ao jogo poético da imaginação, que assemelha seu retiro seguro entre as eternas montanhas ao refúgio seguro que seu espírito encontrou em Deus, sua habitação. Uma analogia semelhante aparece em um uso anterior da expressão, que poderia estar flutuando na memória do salmista, e que ocorre na antiga canção de Moisés (veja DEUTERONÔMIO 32). O cenário dos 40 anos vagando pelo deserto colore admiravelmente a ode e explica a ocorrência frequente nela do nome de Deus como "a Rocha". Também há falsos deuses mencionados na canção de Moisés: "a rocha em quem confiavam" (DT 32:37), em que a metáfora aparece em sua plenitude.

Nosso salmo prossegue com palavras que contêm uma alusão a mais a outra parte desse venerável hino: "...à sombra das tuas asas me abrigo..." (SL 57:1), que nos recorda da grande representação do cuidado de Deus sobre Israel, como a águia carregando sua ninhada sobre suas protetoras asas (veja DEUTERONÔMIO 32:11) e aponta para diante, para o dito ainda mais maravilhoso, no qual tudo o que era terrível e austero na antiga figura é amenizado em ternura e, em vez da ávida afeição da águia mãe, a galinha reunindo seus pintinhos sob suas asas (veja MATEUS 23:37) se torna o tipo de amor coletivo e solicitude mais do que maternal de Deus em Cristo. Tampouco podemos esquecer que outro exemplo único desta ilustração, antes dos salmos de Davi, está no requintado idílio que versa sobre o doce heroísmo da ancestral de Davi, Rute, sobre cuja cabeça, gentil e sem teto, foi pronunciada a bênção: "Que você receba uma grande recompensa do SENHOR, Deus de Israel, sob cujas asas você veio buscar refúgio" (RT 2:12).

Talvez possamos também ver nessa declaração uma extensão do símile que, inquestionavelmente, encontra-se no verbo, e podemos pensar "no mais interior da caverna" (1SM 24:3), que se inclinava acima do fugitivo como um enorme par de asas sob as quais ele se aninha, aquecido e seco, enquanto a breve tempestade ruge entre as rochas. Esse lugar fora para ele uma espécie de proteção garantida, visto que foi sua verdadeira defesa até que as ameaçadoras calamidades passassem. No passado, ele havia abrigado sua alma em Deus, porém nenhum ato de fé expresso anteriormente pode trazer benefício à aflição presente. Ela precisa ser sempre renovada. Os livramentos passados deveriam tornar a confiança presente mais fácil. A verdadeira utilidade de todos os exercícios de confiança anteriores é preparar para a decisão de que ainda confiaremos no auxílio que já provamos tantas vezes antes. "Em ti a minha alma se refugia..." deveria ser sempre seguido de "à sombra das tuas asas me abrigo" (SL 57:1).

O salmista prossegue em concretizar sua decisão. Por meio da oração, ele se refugia em Deus, cuja exaltação acima de todas as criaturas e circunstâncias é a base de sua esperança e cujo poder fiel cumprirá seu desígnio e concretizará o quinhão de Seu servo. "Clamarei ao Deus Altíssimo, ao Deus que por mim tudo [todos os Seus propósitos] executa" (v.2). Então, a esperança certeira reluz sobre a sua alma e, embora as nuvens tempestuosas estejam, como sempre, baixas e turvas, elas são tocadas pela luz. "Dos céus ele me envia o seu auxílio e me livra..." (v.3).

Todavia, até mesmo enquanto essa alegre certeza alvorece sobre ele, os contendentes temores, que sempre espreitam ferozmente a fé, reafirmam seu poder e irrompem para seu interior, descontinuando o fluxo da frase, que demonstra, por sua rude construção, a repentina interposição de pensamentos perturbadores: "Aquele que quer me engolir me recrimina"[1]. Com esse clamor de dor, brevemente expresso, prolongado pela ocorrência muito incomum, no meio do versículo, do termo *Selá* (ARC) indicando uma pausa, que é provavelmente um direcionamento musical para o acompanhamento, uma onda de terror sobrevém sobre a alma do salmista, e logo sua força se esgota, e a esperança, sobre a qual essa vaga rolou por um momento, ergue-se dos esparsos respingos como um pilar de luz, ao redor do qual as ondas se precipitam em vão. "Envia a sua misericórdia e a sua fidelidade" (v.3), essas duas mensageiras, trajadas de branco, que se aproximam de todos os que invocam o Senhor. Depois, seguem-se palavras desconexas, cuja tradução é alvo de considerável dúvida, uma figura renovada de seu perigo:

A minha alma está *entre leões,*
e eu estou entre *aqueles que estão abrasados,*

---

[1] N.T.: Aqui MacLaren propôs uma tradução própria, diretamente do hebraico, sobre a qual ele baseia seu argumento.

*filhos dos homens, cujos dentes são lanças e flechas,
e cuja língua é espada afiada.* SALMO 57:4 ARC

O salmista parece ter quebrado a construção e, em vez de concluir a frase como a começou, substituiu a primeira pessoa pela terceira, que deveria ter seguido "minha alma". Essa construção fragmentária expressa a agitação de espírito. Pode ser uma questão de se "os leões" na primeira cláusula deveriam ser considerados como uma descrição de seus inimigos, de quem se fala, sem metáfora, que "estão abrasados" ou "respiram chamas" (TB), ou ainda, "ávidos para devorar" (NVI), e cujas palavras são cortantes e ferem como lanças e flechas. A analogia a outros salmos pertencentes a esse período favorece tal entendimento das palavras.

Contudo, por outro lado, a referência preferida por Delitzsch e outros traz grande beleza. De acordo com a interpretação deles, o fugitivo entre os brutais penhascos se prepara para seu sono noturno em calma confiança e se deita lá na caverna, enquanto os animais selvagens, de quem poderia ser a presa, rondam do lado de fora, e ele se sente mais seguro entre eles do que entre os mais ferozes "filhos dos homens", cujo ódio tem dentes mais afiados do que os das bestas. Dessa forma, essa porção do salmo é encerrada com o refrão: "Sê exaltado, ó Deus, sobre os céus; e em toda a terra brilhe a tua glória" (v.5). Uma oração para que Deus demonstre Seu poder e exalte Seu nome ao libertar Seu servo. Que grande convicção de que a sua causa era a causa de Deus, de que a honra divina diz respeito a sua segurança, de que ele era um instrumento escolhido para tornar o louvor a Deus conhecido por todo o mundo! E como Davi se autoabandona a isso, mesmo enquanto ora por seu livramento, pensa nele mais como magnificando a Deus do que afetando pessoalmente a si próprio!

A segunda parte continua a nota de encerramento da anterior e descreve as ciladas de seus inimigos na familiar metáfora de uma cova, na qual eles mesmos caem. A contemplação dessa nêmese divina sobre os praticantes do mal o conduzem à grande explosão de ações de graças com a qual o salmo termina.

Preparado está o meu coração, ó Deus,
preparado está o meu coração;
cantarei e salmodiarei.[4]

Desperta, glória minha!
Desperta, alaúde e harpa![5]
Eu mesmo despertarei ao romper da alva.
SALMO 57:7-8 ARC

Se a parte anterior puder ser considerada como a canção noturna de confiança, esta é o hino de agradecimento da manhã. Ele se deita em paz entre os leões e acorda para louvar. Ele convoca sua alma a se desfazer da sonolência; invoca os acordes de sua harpa para despertar o adormecido alvorecer de sua câmara. Como alguém mais poderoso do que ele mesmo, Davi despertará muito antes do dia, e as nítidas notas de sua rústica lira (sua companhia em todas as suas

---

[4] Mais literalmente, "cantarei com acompanhamento musical".
[5] Dois tipos de instrumentos de corda, cuja diferença entre si é muito obscura.

perambulações) convocarão a manhã para acrescentar seu silente discurso ao louvor a Deus. No entanto, um pensamento ainda mais elevado o inspira. Esse solitário perseguido não apenas reconhece que seu livramento é garantido, mas já possui a consciência de uma vocação de amplitude mundial e prevê que a história de seu pesar e sua confiança, com a música de seus salmos, pertencem ao mundo e fluirão acima das barreiras de sua própria geração e de seu território em direção a toda a Terra:

Eu te darei graças entre os povos;
cantarei louvores a ti entre as nações.

Pois a tua misericórdia se eleva até os céus,
e a tua fidelidade, até as nuvens.
SALMO 57:9-10

Estas duas poderosas mensageiras de Deus: "sua misericórdia e a sua fidelidade" (v.3), cuja vinda era garantida, mostrar-se-ão no livramento dele, sem limites e preenchendo toda a criação. Elas serão o tema desse louvor mundial. E, então, com a repetição do refrão do salmo, vem novamente uma súplica, fenecendo no silêncio, esperando diante de Deus até que Ele se agrade em responder o suplicante. A esperança desse fugitivo solitário, que se escondia no deserto, era assim triunfante; tais visões resplandecentes povoaram os lugares desolados e fizeram o deserto regozijar-se e florescer como a rosa.

O *Salmo 142* também é, de acordo com o título, um dos salmos da caverna. Entretanto, paira dúvida considerável sobre todo o grupo das chamadas composições davídicas que estão no último livro do saltério (139-144), por causa de seus locais, pelo fato de serem apenas sete, bem como, em alguns casos, por causa de seu estilo e caráter. Eles, muito provavelmente, são hinos compostos mais tardiamente utilizando-se da linguagem de Davi. Este em questão corresponde em tom com os salmos que temos analisado. Respira a mesma profunda consciência de desolação e solidão: "...dentro de mim esmorece o espírito..." (v.3); "...nenhum lugar de refúgio, ninguém que por mim se interesse" (v.4). Brilha com o mesmo ardor de confiança pessoal e amor a Deus, que brotam de sua própria solidão e insuficiência. "A ti clamo, Senhor [Iavé], e digo: 'Tu és o meu refúgio, a minha porção na terra dos viventes'" (v.5). Triunfa com a mesma confiança e com a mesma convicção de que o seu livramento diz respeito a todos os justos: "[eles] *serão coroados em mim*, quando me fizeres esse bem" (v.7), pois esse parece ser o verdadeiro sentido da palavra traduzida, em nossa versão, "me rodearão", significando que a misericórdia de Deus ao salmista seria uma fonte de alegria festiva a todos os Seus servos, que atam a história da recompensa divina a Davi sobre suas frontes como uma coroa para um banquete.

CAPÍTULO 7

O exílio
(Parte 5)

Como nosso propósito, neste volume, não é fornecer uma biografia completa, não será necessário nos determos nas porções subsequentes do exílio, até porque há pouca referência a elas nos salmos. Precisamos até mesmo omitir aquele peculiar evento com Abigail, cuja presença graciosa e fluxo sutil e ritmado de seus preciosos conselhos acalmaram o espírito irado de Davi e rapidamente o apreenderam como por uma correia de seda. O vislumbre dos antigos costumes nessa história, a alegria incomum dos tosquiadores, a sugestão do tipo de chantagem pela qual o pequeno exército de Davi recebia provisões, a disposição ríspida e loquaz de Nabal, a chama ardente do fogo da ira de Davi, a boa referência dos pastores à bondade e à honra dos fugitivos, no fim de tudo a rústica procissão com a graciosa senhora, a majestosa cortesia do encontro, suas calmas e sábias palavras — não de bajulação, ainda que profusas em predições de prosperidade muito aprazíveis receber de tais lábios; não de reprimenda, mesmo que colocando sob forte luz o quanto a vingança pessoal seria algo indigno do ungido de Deus; não servis, contudo reconhecendo, em toques delicados, o poder absoluto de Davi sobre ela; não de desprezo, porém cheias de súplica —, a rápida resposta da natureza franca e do coração flexível de Davi, que varreu para longe toda a sua ira; o brotar de um amor que o levou a irromper em elogios a ela e à sua sabedoria, a gratidão que o impediu de "feri-la", e o encerramento dramático com a alegre união do casal. Tudo isso forma um dos mais encantadores idílios das Escrituras, perfumado com a fragrância do amor e com o frescor da juventude eterna. A história permanece. Infelizmente, as palavras permanecem por muito mais tempo do que as frágeis afeições terrenas que elas registram!

Depois de uma segunda traição pelos homens de Zife e de um segundo encontro com Saul, o último, no qual o homem arruinado se separa dele com palavras de bênção e predições de sua vitória, vindas de lábios relutantes, Davi parece ter sido levado ao desespero por seus infindáveis esconderijos em covas e cavernas e não ter visto esperança de continuar se mantendo, por muito tempo, na fronteira para escapar da vigilância de Saul. Possivelmente outras pessoas, além de Nabal, pagavam-no de má vontade pelo policiamento voluntário, que ele mantinha dos distritos pastoris expostos à selvagens tribos do deserto. De toda forma, ele, mais uma vez, se lançou ao território filisteus e ofereceu a si e os seus guerreiros ao serviço do rei de Gate. Aceita a oferta, a pequena cidade de Ziclague os acomodou e se tornou seu lar durante um ano e quatro meses.

Um salmo pertence a esse período de relativa segurança, o *Salmo 31*, que corresponde, em tom e certas expressões, muito bem com algumas circunstâncias. Há muitas semelhanças nele a outros do mesmo período, já considerados aqui — como, por exemplo, a figura de Deus como sua rocha (v.3), o laço que seus inimigos lhe armaram (v.4), as alusões às calúnias e difamações (vv.13,18), seu seguro esconderijo em Deus (v.20; compare com 27:5, 57:1; 17:8 etc.), e a grande semelhança verbal do versículo 24 com as palavras de encerramento do Salmo 27. No entanto, a referência que tem sido tomada como apontando para a posição de Davi em Ziclague está nas admiráveis palavras: "Bendito *seja* o SENHOR, pois fez maravilhosa a sua misericórdia para comigo em cidade segura" (SL 31:21 ARC). Naturalmente, a expressão pode ser puramente uma figura ilustrativa para as muralhas e as defesas da proteção divina como, de fato, ela é costumeiramente entendida. Entretanto, a ideia geral do abrigo envolvente de Deus havia sido exposta na magnificente imagem do Tabernáculo, no versículo anterior, o secreto de Sua presença no qual Ele esconde e vigia Seus servos. E a linguagem a seguir da expressão em questão, introduzida por um arrebatador irromper de bendições e louvores, parece tão enfática e peculiar, como se tivesse o propósito de não tornar anormal a suposição de que se fundamentasse historicamente em algum acontecimento que havia ocorrido recentemente ao salmista.

Nenhum período de sua vida corresponderá tão bem a tal requisito como os 16 meses de sua estadia em Ziclague, durante os quais Davi estava completamente livre do temor a Saul e contava com altos favores do rei de Gate, em cujo território encontrara refúgio. Podemos bem crer que para os exilados tão perseguidos, por tanto tempo acostumados à vida de constante alerta e fugas velozes, a quietude de um lar estabelecido era muito agradável, e que, por trás das rudes fortificações da pequena cidade no sul do deserto, parecia haver segurança, o que contrastava maravilhosamente com seus indefesos covis e esconderijos entre as rochas. Os olhos deles deixariam para trás sua incansável vigilância e seria possível colocar de lado suas armas, a fim de reunir sua família ao redor de si. Embora estivessem em terras estrangeiras, ainda assim sentiriam alguma alegria de relacionamentos pacíficos, de práticas e costumes tranquilos curando as feridas da vida deles.

Não espanta, então, que tal louvor de gratidão viesse dos lábios do líder! Não surpreende que Davi considerasse essa habitação em uma cidade fortificada como resultado de um milagre da misericórdia divina! Ele descreve o instável abatimento que precedera essa maravilha da benevolência em uma linguagem que logo relembra a onda de desesperança que varria sua alma depois de sua entrevista final com Saul, e que levou à sua fuga para o território filisteu: "Davi disse consigo mesmo: —Pode ser que algum dia eu venha a perecer nas mãos de Saul..." (1SM 27:1). Isso corresponde exatamente com o salmo, compreendendo-se a diferença entre poesia e prosa, quando ele descreve os pensamentos que lançavam sombra sobre sua alma, pouco antes da alegre paz da cidade fortificada: "Eu disse na minha pressa[1]: 'Estou excluído da

---

[1] *Confusão* (de acordo com Perowne), *desconfiança* (Delitzsch), *angústia* (Ewald), *trepidação* (Calvin). A palavra significa, literalmente, *balançar para*

tua presença'. Mas tu ouviste a voz das minhas súplicas, quando clamei por teu socorro" (SL 31:22). E erguendo-se, como é sempre seu hábito, de sua própria experiência individual até às grandes verdades concernentes ao cuidado de Deus com Seus filhos (cuja descoberta fora, para ele, ainda mais preciosa do que a sua segurança pessoal), ele explode em invocação jubilante, que, como sempre, é plena da consciência de que sua vida e história pertencem à família de Deus:

> *Amem o SENHOR, todos vocês que são os seus santos.*
> *O SENHOR preserva os fiéis,*
> *mas retribui com abundância aos soberbos.*
> *Sejam fortes, e que se revigore o coração*
> *de todos vocês que esperam no SENHOR.* SALMO 31:23-24

O brilho do apego pessoal a Iavé, que se acende nas palavras de confiança, é eminentemente característico. Ele antecipa o ensinamento final do Novo Testamento ao trazer todos os relacionamentos entre Deus e a alma consagrada a um vínculo de amor. "Nós amamos porque ele nos amou primeiro" (1JO 4:19), afirma João. E Davi tem o mesmo discernimento de que a base de tudo deve ser o amor que sai do coração de Deus, e que a única resposta que esse amor perscrutante requer é o despertar do eco de sua própria voz divina em nosso coração. O amor gera amor; o amor procura amor; o amor descansa no amor. Nossa fé *corresponde* à Sua fidelidade; a nossa obediência, às Suas ordens; nossa reverência,

---

frente e para trás, e assim estar agitado por qualquer emoção, principalmente pelo medo; e, então, talvez, fugir em terror.

à Sua majestade. Porém, nosso amor assemelha-se ao dele, de onde extrai sua vida. Assim, a única exortação é "Amem o S%%enhor%%", e o fundamento para isso está nesse título "seus santos" (SL 31:23), todos aqueles a quem Ele demonstra a Sua benevolência.

As palavras de encerramento desse salmo nos lembram do último versículo do Salmo 27. Elas são distintamente citadas dele, com a variação de que lá a fortificação para a coragem foi endereçada à sua própria alma e aqui a "todos vocês que esperam no S%%enhor%%" (SL 31:24). A semelhança confirma a referência de ambos os salmos à mesma época, ao passo que a diferença se adequa à mudança em suas circunstâncias de um período de relativo perigo, como o de sua estadia em Adulão, a uma de maior segurança, como a sua residência em Ziclague. As mesmas pessoas que foram chamadas para amar o Senhor por serem participantes de Sua benevolência, são agora chamadas à coragem e à firmeza viril de alma visto que sua esperança está apegada a Iavé. O progresso do pensamento é significativo e óbvio. Amar a Deus, descansando no conhecimento de Seu amor a nós, é a verdadeira armadura. "No amor não existe medo..." (1JO 4:18). O coração cheio dele é forte o bastante para resistir à pressão das calamidades exteriores, enquanto o coração vazio é esmagado, como uma galé abandonada, pela contundente colisão dos icebergs que vagueiam sem rumo no selvagem mar invernal da vida. Semelhantemente, o amor é a condição da esperança. A paciência e a expectativa da esperança devem vir da fruição presente na doçura do amor. Dentre esses belos irmãos, o Amor é o mais velho e o maior; é ele que carrega em suas mãos o rico metal do qual a Esperança forja a sua âncora e as fortes cordas que a sustentam. A experiência do Amor fornece todas as cores com as quais sua irmã pinta a obscura distância; e ele é quem torna a esperança ousada para ter certeza do futuro, e lhe dá visão clara para enxergar as coisas que ainda não existem como se elas existissem.

Amar o Senhor é o caminho, o único caminho, para esperar no Senhor. Foi isso que o salmista descobriu por si mesmo. Em seus anos de exílio, cheios de mudanças e perigos, ele aprendeu que o fulgor com que a esperança brilhava em seu caminho solitário não dependia de uma maior ou menor eventual segurança exterior, mas sim da potência da clara chama do amor em seu coração. Suas provações não lhe foram em vão, e lançaram a seus pés aquele precioso tesouro que veio com as ondas tempestuosas. Tampouco as nossas nos serão em vão, se aprendermos as lições que ele aqui compartilha com todos os que "esperam no SENHOR".

Nosso limite nos impede de examinar mais profundamente o restante dos salmos deste período. Isso é menos necessário, uma vez que aqueles que já foram abordados representam o todo com justiça. Os Salmos 11; 13; 17; 22; 25 e 64 podem, com alguma probabilidade, serem considerados como pertencentes ao período da perseguição por Saul. A essa lista, alguns críticos acrescentariam o Salmo 40 e o 69, porém com bases muito incertas. Contudo, se nós os excluirmos, os demais têm uma forte semelhança familiar, não apenas uns com os outros, mas com aqueles que já foram apresentados anteriormente ao leitor. A figura do deserto, que se tornou tão familiar a nós, aparece continuamente; as feras selvagens à espreita, os laços e ciladas, a caçada ao salmista como a um pássaro tímido entre as colinas; o protesto de inocência, a invocação veemente de retribuição aos perversos, a confiança de que os artifícios deles próprios virão sobre as suas cabeças, o profundo anelo da alma por Deus — todos são repetidos nos referidos salmos. Metáforas simples e expressões peculiares, que já encontramos com recorrência, como, por exemplo: "à sombra das tuas asas" (17:8; 57:1) e a expressão singular, que remete à maravilhosa misericórdia de Deus (veja SALMOS 17:7; 31:21 ARC), que são encontradas apenas aqui. Em um desses salmos (35:13) parece haver uma referência aos seus primeiros dias na corte e à profundidade da amorosa empatia com o espírito obscurecido de Saul, a quem aprendera a estimar enquanto estava diante dele para o acalmar com as requeridas harmonias de sua harpa e voz. As palavras são tão definidas que parecem se referir a alguma ocasião histórica:

Quanto a mim, porém, estando eles enfermos,
as minhas roupas eram pano de saco;
eu afligia a minha alma com jejum
e em oração me reclinava sobre o peito.
SALMO 35:13

Davi lamentava tão sinceramente por Saul, que agora era seu adversário. As marcas exteriores do pranto se tornaram a expressão natural dos sentimentos do salmista. Esse é, evidentemente, o significado das duas cláusulas iniciais, bem como do verso seguinte. Como o todo é a descrição dos sinais exteriores de pesar, parece melhor que entendamos a última dessas últimas três cláusulas como uma representação da cabeça baixa, mergulhada no peito, até mesmo enquanto ele orava[2], do que cortar a ligação ao referi-la à retribuição de ódio por sua empatia[3], ou à pureza de sua oração, que era de tal modo que ele não poderia desejar nada mais para si mesmo[4]. Davi prossegue enumerando os sinais de sua tristeza: "Portava-me como se eles fossem meus amigos ou meus irmãos; andava curvado...", caminhando lentamente, como um homem absorvido em sofrimento, "de luto, como quem chora por sua mãe" (SL 35:14) — andando encurvado e cansado, como alguém esmagado pela morte da própria mãe, e trajando luto. Foi desse modo fiel que ele havia amado e pranteado sinceramente a nobre alma arruinada que, cegada pela cólera e envenenada por mentiras, havia se tornado seu inimigo. Esse mesmo amor permaneceu com ele até o fim, como sempre ocorre com os grandes e bons homens que aprendem de Deus a sofrer por muito tempo e serem gentis, bem como a suportar todas as coisas e esperar por tudo.

Dentre esses, o *Salmo 22* é admirável. Nele, a experiência pessoal de Davi sugere oferecer apenas o ponto de partida para uma profecia puramente messiânica, envolvendo muitas questões especiais, que transcendem em muito a qualquer coisa registrada acerca de seu sofrimento. A impossibilidade de encontrar ocorrências em sua vida que correspondam a tais traços, como ter seus braços e pernas torturados e arder em sede, mãos traspassadas e vestimentas repartidas, tem levado alguns críticos à hipótese de que aqui temos um salmo do exílio descrevendo sofrimentos reais infligidos sobre algum mártir desconhecido na Babilônia ou, em

---

[2] Assim dizem Ewal e Delitzsch.
[3] Conforme afirma Hupfeld.
[4] De acordo com Perowne.

linguagem figurativa, as calamidades que Israel lá enfrentou. Todavia, a origem davídica é confirmada por meio de muitos pontos óbvios de semelhança com os salmos que são indiscutivelmente dele e, especialmente, com aqueles do período da perseguição empreendida por Saul, ao passo que a dificuldade de encontrar fatos históricos que respondam à linguagem enfática é evitada, não respondida, por assumir que tais fatos tenham existido na vida de alguém que não deixou pistas, ou por forçar um sentido metafórico nas palavras que soam maravilhosamente como o triste palavreado de um sofredor real.

Naturalmente, se crermos que a predição é um absurdo, qualquer dificuldade será mais leve do que o reconhecimento de que aqui temos predição. Contudo, a menos que tenhamos uma conclusão prévia desse tipo para nos cegar, veremos nesse salmo um exemplo límpido da profecia do Messias sofredor. Na maioria dos demais salmos em que Davi fala de suas tristezas, temos somente um prenúncio típico de Cristo. Mas neste, e em outros, como o Salmo 69 e o 109 (caso sejam realmente da autoria de Davi), temos um tipo se transformando em profecia, e a pessoa do salmista desvanecendo-se perante a imagem que, durante a ocasião de seus próprios pesares, se ergueu grandiosa, solene e distante diante de seu olhar profético, a imagem daquele que seria perfeitamente tudo o que Davi era de forma parcial: o Ungido de Deus, que pronunciaria Seu nome a Seus irmãos, o Rei de Israel, e cujo caminho em direção ao Seu domínio deveria ser densamente coberto com tristeza solitária, reprovação e agonia, a quem o excessivo peso da dor de Sua aflição era leve como uma pena e transitório como um momento. E quando o salmista aprendeu essa lição, além de todas as outras acerca de confiança e paciência, que lhe foram ensinadas por suas perambulações, seu aprendizado foi quase concluído; ele tornou-se quase pronto para uma nova disciplina; a lenta evolução da revelação dos propósitos divinos, que, por seus sofrimentos, haviam revelado "os sofrimentos do Messias" mais claramente do que antes, estava amadurecendo para descortinar "as glórias que viriam depois desses sofrimentos" (1PE 1:11), em Seu reinado.

CAPÍTULO 8

O rei
(Parte 1)

Temos agora de nos voltar para contemplar a repentina mudança de destino que elevou Davi do exílio ao trono. As pesadas nuvens que pairaram por tanto tempo sobre o condenado Saul estrondaram em relâmpagos no desastroso campo de Gilboa. Onde há uma história mais triste e solene acerca da sina de uma alma que naufragou na "fé e [na] boa consciência" (1TM 1:19), do que aquela terrível página que nos conta como, tomado de impiedade, perversidade, enlouquecido pelo desespero e imensurável orgulho, ele se lançou sobre sua sangrenta espada e morreu como suicida, juntamente com seus filhos, escudeiro e todos os seus soldados, um enorme paço de defuntos deitados ao seu redor? Antes, ele era um homem forte, modesto e bondoso, cheio de nobres propósitos e generosas afeições — e foi assim que terminou. A que regiões lúgubres de ódio e trevas a obstinação pode arrastar uma alma quando as rédeas escapam

A vida de DAVI

da sua débil mão! E que comoventes raios de luz relutantes irradiam por entre densas nuvens, na grata expedição dos homens de Jabes-Gileade, que se lembraram de como ele, certa vez, os havia salvado enquanto ele ainda se preocupava e se arriscava por seu reino, e que colocaram suas vidas em perigo para recolher o pobre corpo decapitado para seu rude local de repouso!

As notícias são recebidas pelo fugitivo em Ziclague de modo chocante e característico. Davi inicialmente arde em ira feroz contra o embusteiro amalequita, que se apressara com as novas e buscara favor ao indicar, falsamente, que ele mesmo havia matado o rei no campo. Sua confissão foi rápida e seu fim, sangrento. Depois, sua ira se derrete em pesar. Esquecendo-se do ódio enlouquecido e das bárbaras batalhas daquela pobre alma, e de seus próprios erros, lembrando-se apenas da amizade e da nobreza de seus primeiros dias, Davi lança sobre os mutilados cadáveres de Saul e de Jônatas o manto de seu doce lamento e os banha com as águas curadoras de seu louvor irrestrito e amor imortal. Ele não se lembra, até que esses dois ofícios de justiça e afeição tivessem sido realizados, da ocorrida mudança em sua própria posição. Jamais pensara em Saul como interpondo-se entre ele e o reinado. O primeiro sentimento por sua morte não foi, como teria acontecido a um coração menos devoto e menos generoso, uma descarga de alegria diante do pensamento do trono vazio, mas uma aguda pontada de dor proveniente do sentimento de um coração vazio. E, até mesmo quando começa a antecipar seu novo curso, há aquela mesma admirável passividade que observamos anteriormente. Então, o primeiro passo de Davi é consultar "o SENHOR, dizendo: 'Devo ir a alguma das cidades de Judá?'" (2SM 2:1). Ele não fará qualquer coisa, durante essa crise em seu destino, quando tudo aquilo que por tanto tempo fora apenas esperança parecia, rapidamente, tornar-se fato, até que seu Pastor o conduza. Veloz e impetuoso, como era por natureza, treinado para decisões rápidas seguidas por ações ainda mais céleres e sabendo que um forte golpe o atingira de repente, e enquanto tudo era caos e desespero em seu país, o que poderia estabelecê-lo no trono, ele detém sua natureza e sagacidade, bem como a impaciência de seu povo para poder ouvir o que Deus dirá. Assim, cumpre cabalmente o voto de um salmo anterior: "Em ti, força minha, esperarei..." (SL 59:9).

Podemos visualizar a alegre marcha à antiga Hebrom, onde os grandes pais da nação jaziam em seus sepulcros escavados na rocha. Ainda antes da morte de Saul, o exército de Davi tinha crescido rapidamente por um fluxo constante de fugitivos da confusão e miséria nas quais o reino havia caído. Até mesmo Benjamim, a tribo de Saul, enviou a Davi alguns de seus famosos arqueiros, um presságio sinistro do minguante destino do rei. Os intrépidos semi-independentes homens de Manassés e Gade, das terras ao nordeste do Jordão, cujo rosto, de acordo com a vívida descrição do cronista, "era como de leões, e eles eram ligeiros como gazelas sobre os montes" (1CR 12:8), buscaram o estandarte de Davi; e dentre seus próprios parentes em Judá "dia após dia, mais homens vinham a Davi para o ajudar, até que se formou um grande exército, como exército de Deus" (v.22). Com tal exército, seria brincadeira de criança subjugar e dispersar as tropas da dinastia anterior, que ainda poderia estar em condições de manter o campo. Porém, ele não fez esse tipo de tentativa;

e mesmo quando chegou em Hebrom, não tomou medidas para promover qualquer reivindicação à coroa. A linguagem da história parece implicar, em vez disso, uma debandada de seu exército, ou, no mínimo, um acomodamento à vida doméstica nos vilarejos nas cercanias de Hebrom, sem qualquer pensamento de conquistar o reino por meio das armas. E sua ascensão parcial à monarquia, que ele detinha inicialmente, foi um ato espontâneo dos "homens de Judá", que vieram e "ali ungiram Davi rei sobre a casa de Judá" (2SM 2:4).

Os limites de seu território são substancialmente aquele do reino sobre o qual reinaram seus descendentes, após a rebelião de Jeroboão, assim indicando a existência natural de uma "linha de clivagem" entre o norte e o sul. A posição geográfica de Benjamim, por fim, anexou-se à monarquia mais tardia; porém, no presente, o desejo de manter a supremacia que detinha enquanto o rei era proveniente dessa tribo fez dela o núcleo de uma frágil e persistente oposição a Davi, liderada pelo primo de Saul, Abner, e reunindo-se ao redor de Isbosete, o incompetente filho do antigo rei[1]. A cronologia desse período é obscura. Davi reinou em Hebrom por sete anos e meio e, como a ilusória soberania de Isbosete ocupou apenas dois desses anos e, evidentemente, os dois últimos anos, parece quase que os filisteus haviam controlado o país, com exceção de Judá, de tal maneira que nenhum rival se preocupou em reivindicar a ameaçadora dignidade, e que cinco anos se passaram antes de os invasores serem

---

[1] A adoração canaanita a Baal parece ter persistido na família de Saul. Um de seus tios-avós chamava-se Baal (1Cr 9:36); seu filho era chamado Esbaal (Fogo de Baal), que foi desdenhosamente mudado para Isbosete (Homem da Vergonha). Do mesmo modo, Mefibosete era adequadamente chamado de Meribe-Baal (Lutador por Baal).

O rei (Parte 1)

totalmente afastados a ponto de deixar tempo livre para uma guerra civil.

A narrativa resumida desses sete anos apresenta um rei ainda jovem sob uma perspectiva muito amável. O mesmo temperamento que marcou seus primeiros atos após a morte de Saul é surpreendentemente trazido à tona (veja 2 SAMUEL 2-4). Aparentemente, ele deixou toda a condução de guerra a Joabe, como se se recusasse a desferir um único golpe em prol de seu próprio crescimento. Quando interfere, é em nome da paz, para refrear e punir a vingança feroz e o assassinato covarde. Todos os incidentes registrados formam uma imagem de rara generosidade, de espera paciente para que Deus cumpra Seus propósitos, de anelo para que a terrível contenda entre as tribos da herança de Deus terminasse. Envia mensagens de gratidão a Jabes-Gileade; não inicia o conflito com os insurgentes. A única luta verdadeira registrada é a provocada por Abner, e administrada com brandura inusitada por Joabe.

A lista dos filhos de Davi que nasceram em Hebrom é inserida no âmago da história da insurreição, um sinal da calma vida doméstica de pacíficas alegrias e ocupações na qual ele vivia enquanto a tempestade estava furiosa no exterior. De forma ansiosa e sem qualquer suspeita, ele acolhe os movimentos de Abner em direção à reconciliação. Cai, por um momento, ao nível daquele tempo, e cede a uma forte tentação de restaurar Mical à condição de sua esposa, há muito perdida, como requisito para continuar as negociações, uma exigência que era estritamente justa, sem dúvida, mas da qual pouco mais se pode dizer. A generosidade de sua natureza e a pureza ideal de seu amor, que esse incidente obscurece, brilham novamente em sua indignação diante do assassinato de Abner por Joabe, embora Davi fosse manso demais para vingá-la. Não há imagem mais bela, em sua vida, do que a dele seguindo o esquife onde estava o ensanguentado cadáver do homem que fora seu inimigo desde que o conhecera, e selando a reconciliação, que a morte sempre faz em nobres almas, por meio de um comovente cântico fúnebre que entoou sobre o túmulo de Abner. Temos um vislumbre da confiança irrestrita de seu povo nele quando nos é dito, incidentalmente, que o povo aprovou o pesar de Davi "assim como aprovava tudo o que o rei fazia" (2SM 3:36). Entrevemos a fragilidade de sua nova monarquia com relação ao feroz soldado que fizera tanto para construí-la, em seu reconhecimento de que ele ainda era fraco, por ter sido ungido rei apenas recentemente, e que esses veementes filhos de Zeruia[2] eram fortes demais para ele. E temos um admirável traço de conexão com os salmos nas palavras de encerramento [2 SAMUEL 3] com as quais invoca a vingança sobre Joabe, que ele ainda se sentia incapaz de executar: "Que o Senhor retribua ao que fez esse mal como ele merece" (v.39).

O único incidente relatado de seu reinado em Hebrom é sua execução de justiça sumária sobre os assassinos do pobre rei-títere, Isbosete, cuja morte, tão em seguida à de Abner, faz colapsar toda a resistência ao poder de Davi. Jamais havia existido alguma oposição real por parte da população. Seus inimigos são enfaticamente chamados de "a casa de Saul", e encontramos o próprio Abner admitindo que "os anciãos de Israel" desejavam Davi como rei (2SM 3:17), de modo que

---

[2] N.T.: Zeruia era irmã de Davi e teve três filhos como guerreiros no reino. Joabe, o comandante de Davi, era um deles (1Cr 2:13-16).

depois de sua partida, são dois benjamitas que dão o "golpe de misericórdia" em Isbosete e encerram todo o sombrio domínio rival. Os líderes de todas as tribos imediatamente chegam a Hebrom, oferecendo-lhe formalmente a coroa. Eles a oferecem sob o tripé do parentesco, do serviço militar de Davi durante o reinado de Saul e da promessa divina do trono. Foi feita uma aliança solene, e Davi foi ungido, em Hebrom, rei por direito divino, mas também um monarca constituído e escolhido pela eleição popular e limitado em seus poderes.

O primeiro resultado de seu novo exército é a conquista da antiga fortaleza montanhosa dos jebuseus, a cidade de Melquisedeque, que havia resistido a Israel e permanecido inexpugnável até esse momento, e cujos habitantes confiavam tão absolutamente em sua força natural, que sua resposta à exigência de rendição foi o escárnio: "Você não entrará aqui. Até os cegos e os coxos poderão impedi-lo de entrar..." (2SM 5:6). Dessa vez, Davi não deixa a guerra a encargo de outros. Pela primeira vez, depois de sete anos, lemos: "*O rei Davi partiu com os seus homens para Jerusalém*" (v.6 – ênfase adicionada). Estabeleceu-a como sua capital, de onde reinou por dez anos com prosperidade contínua sobre um povo leal e amoroso, tendo a seguinte afirmação como o resumo de todo o período: "Davi ia crescendo em poder cada vez mais, porque o SENHOR, o Deus dos Exércitos, estava com ele" (2SM 5:10). Esses anos são marcado por três eventos principais: o transporte da arca [da Aliança] à cidade de Davi; a promessa, feita por Natã, de um domínio perpétuo em sua casa; e o fluxo ininterrupto de vitórias sobre as nações vizinhas. Esses são os destaques da narrativa do livro de Samuel (veja 2 SAMUEL 5-8), e são amplamente ilustrados pelos salmos. A seguir, teremos de considerar "As canções do Rei".

Como o fugitivo suportou essa repentina mudança de sorte? Quais eram seus pensamentos quando, por fim, a dignidade que ele sempre esperava, mas nunca buscou, tornou-se sua? A resposta está pronta diante de nós no fabuloso *Salmo 18*, onde nos é indicado o seguinte: "no dia em que o SENHOR o livrou de todos os seus inimigos e das mãos de Saul". A linguagem desse cabeçalho parece conectar o salmo com o período de tranquilidade que precedeu e impeliu Davi no propósito de construir uma casa para o Senhor (veja 2 SAMUEL 7). A mesma gratidão que irradia tão brilhante nesse salmo estimulou esse desejo, e a referência enfática à misericórdia prometida por Deus a Davi e à "sua posteridade, para sempre" (SL 18:50), constante na conclusão do hino, talvez aponte para uma promessa definitiva de perpetuidade de reinado aos seus descendentes, que foi a resposta de Deus a tal desejo.

Contudo, quer o salmo pertença aos anos de soberania parcial em Hebrom, quer àqueles de domínio completo em Jerusalém, ele não pode ser mais tardio do que a última dessas duas datas; e independentemente de qual possa ser o tempo de sua composição, os sentimentos que ele expressa são aqueles do primeiro frescor do grato louvor de depois de Davi ter sido estabelecido firmemente no reinado. Alguns críticos o colocariam mais adiante, próximo ao fim da vida do salmista. Entretanto, essa hipótese tem pouco a seu favor além do fato de o autor do livro de Samuel ter colocado sua versão desse salmo entre os registros dos últimos dias de Davi. No entanto, não há nada que demonstre que essa posição seja devido à consideração cronológica. As vitórias sobre as nações pagãs, que são supostamente referidas no salmo (o argumento dos advogados da data mais tardia), realmente apontam para a data mais anterior, que foi o tempo de suas conquistas mais brilhantes. E as marcantes asserções de sua própria pureza, bem como o tom triunfante geral — não sendo características que correspondam aos tristonhos e obscuros anos após sua grande queda — apontam na mesma direção. No geral, então, podemos acertadamente tomar esse salmo como pertencendo ao luminoso começo da monarquia e como nos demonstrando o quão bem o rei se lembrava dos votos que se mesclaram às suas lágrimas durante o exílio.

O *Salmo 18* é o longo derramar de gratidão arrebatadora e triunfante adoração, que emanam de um coração pleno de alegres ondas de canção. Em nenhuma outra parte, nem mesmo nos salmos — e se não estão lá, certamente não seriam encontradas em outro lugar — há uma maré tão contínua de louvor imaculado, tal magnificência de imagens, tal paixão de amor ao Deus libertador, tal alegre energia de confiança vencedora. Esse salmo pulsa, do início ao fim, com o sangue vital da devoção. A forte chama, alva em seu ardor, tremula com sua própria intensidade à medida que firmemente se eleva em direção ao Céu.

Todos os horrores, dores e perigos dos cansativos anos [de batalhas e de perseguições] — o negro combustível para o brilho carmesim — fundem-se em um calor tão ardente, e ao mesmo tempo tão pacífico que é incapaz de produzir fumaça ou labaredas. As notas frementes que, com frequência, eram extraídas de sua harpa, tristes como se o vento noturno tivesse vagado por entre suas cordas, todas o levaram a essa explosão de tons plenos de gratidão. A própria bem-aventurança do Céu é pressentida, quando os sofrimentos passados são entendidos e vistos em sua união com a alegria à qual conduziram e são sentidas como sendo o tema para o mais profundo agradecimento.

Graças a Deus que temos esse hino de louvor, para a consolação de todo o mundo, vindo dos mesmos lábios que disseram: "Gasta-se a minha vida na tristeza, e os meus anos, em gemidos..." (SL 31:10). Nós temos visto "como o Senhor fez com que tudo acabasse bem; porque o Senhor é cheio de misericórdia e compaixão" (TG 5:11). Os tremulantes tons menores de tristeza confiante crescerão em louvor palpitante; e todo aquele que, cercado por seus inimigos, clama a Deus, dirigirá, aqui ou no porvir, "ao SENHOR as palavras deste cântico, no dia em que o SENHOR o livrou de todos os seus inimigos".

CAPÍTULO 9

O rei
(Parte 2)

No capítulo anterior, vimos que a principal nota das "canções do rei" fora atingida, por assim dizer, no *Salmo 18*. A sua análise completa nos levaria para muito além de nossos limites. Podemos apenas vislumbrar alguns dos pontos mais proeminentes desse salmo.

A primeira cláusula marca o tema central. "Eu te amo, ó Senhor, força minha" (SL 18:1). Esse apego pessoal a Deus, que é tão característico da devoção de Davi, não pode ser mais reprimido com o silêncio, mas jorra como uma torrente represada, ampla e plena, desde a sua nascente. A palavra comum para "amar" é muito fraca para Davi, e ele se inclina para empregar outra, jamais usada em outra parte, a fim de expressar a emoção humana para com Deus, a intensidade da qual é apenas fragilmente manifesta por algumas perífrases como: "Do meu coração, eu te amo!". O mesmo sentimento exaltado é maravilhosamente demonstrado pela amorosa acumulação de títulos divinos que se seguem, como se ele pudesse ajuntar em uma grande pilha todas as ricas experiências com esse Deus, inominável por todos os epítetos, que ele havia colhido de seus sofrimentos e livramentos. Eles falam tanto quanto o pobre veículo das palavras pode proferir sobre o que seu Pastor no Céu tinha sido para ele. Elas são tesouros que Davi trouxe consigo de seu exílio e, sofridamente, apontam para as canções daquele período. Ele invocara a Deus com esses títulos, mesmo quando era difícil crer na realidade deles e, agora, repete-os todos em sua agradável hora de fruição, como indicadores para aqueles que na extrema confiança no nome do Senhor terão, um dia, a verdade da fé transformada na realidade da vivência.

"O Senhor é a minha rocha, a minha fortaleza" (v.2) nos recorda o que clamara em Ziclague: "tu és a minha rocha e a minha fortaleza" (31:3), e da "cidadela" (o mesmo termo) de Adulão, na qual repousa seguro. "...meu libertador" ecoa muitos suspiros passados, que agora foram transformados em música de louvor. "...meu rochedo" (uma palavra diferente daquela na expressão anterior) "em que me refugio..." (18:2) relembra a oração: "Sê minha rocha de refúgio" (31:2 NVI) e seu esforço anterior de confiança quando, em meio às calamidades, ele disse: "...em ti a minha alma se refugia" (57:1). "Meu escudo" nos transporta novamente à antiga promessa, viçosa, após muitos séculos, e cumprida novamente em cada era: "Não tenha medo, Abrão, eu sou o seu escudo" (GN 15:1) e às próprias palavras confiantes de Davi em um tempo em que confiar era difícil: "Deus é o meu escudo" (SL 7:10). "O meu alto refúgio", o último dessa série aclamatória, liga-se à esperança expirada na primeira canção de seu exílio: "Deus é meu alto refúgio [...] tu me tens sido alto refúgio" (59:9,16). Depois, ele resume todo o seu passado em uma frase geral, que fala de seu recurso habitual durante suas lutas e do bendito auxílio que sempre encontrou: "Invoco o SENHOR, digno de ser louvado[1], e serei salvo dos meus inimigos" (SL 18:3).

Nenhum comentário pode atingir a altura apropriada, e tradução alguma pode representar adequadamente (ao mesmo tempo em que nada pode destruir totalmente) a inacessível magnificência da seguinte descrição a respeito da vinda majestosa de Deus em resposta ao seu clamor. Ela fica no ponto mais elevado, mesmo quando comparada com outras passagens de sublimes porções semelhantes nas Escrituras. Quão lastimosamente Davi pinta sua dolorosa necessidade por meio de metáforas que, novamente, trazem à mente as canções do fugitivo:

Laços de morte me cercaram;
torrentes de perdição me impuseram terror.
Cadeias infernais me envolveram,
e tramas de morte me surpreenderam. SALMO 18:4-5

Como ele muitas vezes se comparava a alguma criatura selvagem aprisionada em redes, da mesma forma aqui a Morte, a caçadora, lançou suas cordas letais sobre ele, e elas estão prontas para fechar-se repentinamente sobre a presa desavisada. Ou, variando a imagem, ele está afundando em águas turvas, designadas por uma expressão difícil (literalmente "torrentes

---

[1] A antiga palavra "venerável" se aproxima mais do sentido da expressão.

de Belial", ou inutilidade), que é mais provavelmente traduzida como acima (assim o fazem Ewald e Hupfeld). Nesse terrível extremo, onde se encontra aprisionado, resta-lhe apenas uma coisa: ele tem sua voz livre, com a qual clama, e o seu Deus a quem clamar. Davi está afundando, mas ainda pode bradar (assim pode ser traduzida uma das palavras) "como um forte nadador em agonia". E isso basta. Aquele alto clamor sobe, como uma delgada coluna de fumaça de incenso, diretamente ao palácio do templo de Deus — e, como diz ele, com termos que nossa versão torna obscuros: "o meu clamor chegou aos seus ouvidos" (v.6). A oração que flui de uma consciência vívida de estar na presença de Deus, mesmo quando ele está mais perto de perecer, é a oração que o Senhor ouve. O clamor é uma voz pobre, esguia e solitária, não audível na Terra, embora penetrante o suficiente para subir ao Céu; e a resposta abala a criação. Um homem que esteja em situação extrema pode colocar em ação toda a magnificência de Deus. É surpreendente o contraste entre a causa e o efeito. Tão maravilhosa quanto a grandeza é a velocidade da resposta. Basta um momento, e, então, enquanto ele clama, o solo trepidante e os agitados fundamentos dos montes estão conscientes de que o Senhor vem de longe em seu auxílio! A majestosa autorrevelação de Deus como o libertador tem como ocasião a súplica aflita do salmista e, como consequência, ele declara que o Senhor o "tirou das águas profundas" (v.16). Todo o esplendor se incendeia porque um homem miserável ora, e toda a agitação da Terra e a artilharia do Céu têm simplesmente como objetivo que o pobre seja liberto. O paradoxo da oração jamais encontrou uma expressão mais ousada do que nessa triunfante afirmação de ocasião insignificante (bem como o igualmente insignificante resultado almejado) que motivou o potente exercício da Onipotência.

O livramento divino é explanado sob a imagem familiar da vinda de Deus em uma tempestade. Antes de ela irromper, e simultaneamente à oração, "a terra se abalou e tremeu; vacilaram também os [sombrios] fundamentos dos montes e se abalaram..." (v.7), como se estivessem conscientes do acúmulo da ira que começa a arder desde os altos Céus, embora ainda não haja manifestação do poder divino. Ele está apenas se acumulando em sua inflamada potência, e a sólida estrutura do mundo já treme, antecipando o choque vindouro. As coisas mais firmes se abalam, os maiorais se inclinam diante de Sua ira. "Das suas narinas subiu fumaça, e fogo devorador saiu da sua boca; dele saíram brasas ardentes" (v.8). A ira incandescente, expressa por essas tremendas metáforas, é concebida como em preparação ocorrida em "seu templo" (v.6) para a manifestação terrena da vingança libertadora. É como uma nuvem de trovões, distante, que cresce no horizonte em trevas ameaçadoras, e parece encher de relâmpagos as suas profundezas acinzentadas. Então, o terror acumulado começa a se mover e, aproximando-se, derrama uma avalanche de escuridão entremeada com fogo. Primeiramente, a nuvem tempestuosa desce, ficando cada vez mais baixa no céu. E de quem são esses pés que estão plantados sobre sua massa pesada, densa e obscura o suficiente para ser o manto de Deus?

Ele baixou os céus e desceu,
e teve sob os pés densa escuridão. SALMO 18:9

Em seguida, uma súbita rajada de vento, que prenunciava os relâmpagos, quebrou o temível silêncio:

*Cavalgava um querubim e voou,
foi levado sobre as asas do vento.* SALMO 18:10

Os querubins sustentam, como se fossem uma carruagem, o Deus entronizado; e as velozes asas da tempestade carregam os querubins. Contudo, Aquele que se assenta no trono, acima de todas as forças materiais e das mais elevadas criaturas, permanece invisível. A imaginação do salmista cessa nesse ponto e sequer ousa contemplar tal luz; o silêncio é mais impressionante do que todas as palavras. Em vez de tentativas pagãs de se assemelhar a Deus, temos traçada, a seguir, com exatidão descritiva, força poética e verdade teológica idênticas, o breu das trevas que o encobrem. Na obscuridade de suas profundezas, o Senhor faz Seu "lugar secreto", Sua "tenda". É a "escuridão das águas", isto é, a escuridão de onde brota a chuva de trovões; são "espessas nuvens dos céus" (v.11), ou talvez a expressão pudesse ser traduzida como "pesados aglomerados de nuvens". Depois vem o irromper da tempestade. O esplendor que cerca o Senhor de perto e habita no âmago da escuridão flameja, separando as densas nuvens — e, através dessa temível brecha, granizo aterrorizador e brasas de fogo são arremessados sobre a Terra, que estremece. A grandiosa descrição pode ser traduzida de duas formas. A adotada em nossa versão: "Do resplendor que diante dele havia, as densas nuvens se desfizeram em granizo e brasas de fogo" (v.12), ou "Nuvens espessas escondiam o brilho ao seu redor e faziam chover granizo e brasas vivas" (NVT). A primeira delas é mais dramática; a construção quebrada expressa mais vividamente a penetrante subitaneidade do relâmpago incandescente e da queda do granizo, e é confirmada pela repetição das mesmas palavras na mesma construção no versículo seguinte.

O versículo 13 descreve outro irromper de tempestade: o profundo som do trovão que ressoa pelo céu é a voz de Iavé, e, novamente, o relâmpago rasga por entre as nuvens, e a tempestade de granizo vem abaixo. Todo esse poder destrutivo é representado, com profunda verdade, como que partindo do resplendor de Deus: essa "glória" que, em sua própria natureza, é luz, mas, em seu contato com as criaturas finitas e pecaminosas, precisa se tornar escuridão lacerada pelo relâmpago! Que lições quanto à raiz e a natureza essencial de todos os atos punitivos divinos se ajuntam ao redor de tais palavras! Como é calma e bendita a fé que pode penetrar até mesmo a mais densa massa "que oculta o Amor!"[2] — para ver a luz em seu centro, mesmo que a circunferência possa incubar nuvens de trovão que se rompem com suas brasas repentinas. Então vem o propósito de todo esse apocalipse de magnificência divina. As afiadas flechas espalham os inimigos do salmista. As águas em que ele quase se afogou são secas diante do cálido sopro de Sua ira. Fala "essa temível voz... que faz contrair o curso de suas águas"[3]. E, em meio ao resplandecer da tempestade, à Terra, que treme, e às torrentes interrompidas, Seu braço é estendido do alto e retira Seu servo das muitas águas. Assim ocorreu, muito tempo depois, com um

---

[2] N.T.: Tradução livre do excerto do poema *The Two Voices*, de Alfred Lord Tennyson (1809–92).

[3] N.T.: Tradução livre do excerto do poema *Lycidas*, de John Milton (1608–74).

dos Seus que "estava temeroso e, começando a afundar, clamou: 'Salve-me, Senhor!' (MT 14:30), e Deus imediatamente estendeu Sua mão, resgatando-o".

Um tom mais calmo se seguiu, à medida que o salmista conta, sem qualquer metáfora, acerca de seu livramento e reitera a mesma afirmação de sua inocência, que já encontramos tão frequentemente em salmos anteriores (SL 18:17-24). Erguendo-se de sua experiência pessoal aos amplos e elevados pensamentos sobre Deus, que lhe foram ensinados por essa mesma experiência, como fazem todos os que prezam a vida principalmente como um meio de conhecer ao Senhor, o salmista proclama a verdade solene de que, no exercício de uma justa retribuição e pela necessidade de nossa natureza moral, Deus se revela ao homem do mesmo modo que o homem é para com Deus: amoroso com os amorosos, justo com os justos, puro com os puros e obstinado para com os obstinados. Nossos pensamentos acerca de Deus são moldados por nosso caráter moral; a capacidade de percepção depende da compatibilidade. "A menos que os olhos sejam luz, como eles poderiam ver o sol?"[4] A autorrevelação de Deus em Sua providência, a respeito da qual o salmo discorre, é modificada de acordo com nosso caráter moral, sendo cheio de amor àqueles que ama, rígido e antagonista àqueles de disposição opositora a Ele. Há uma lei da graça mais elevada, pela qual a pecaminosidade do homem atrai a ternura da misericórdia perdoadora do Pai; e a mais clara revelação de Seu amor é levada aos pródigos obstinados. Contudo, não é isso que o

---

[4] N.T.: Tradução livre do excerto do poema *Wär nicht das Auge sonnenhaft*, de Johann Wolfgang von Goethe (1749–1832).

salmista tem em mente aqui, tampouco interfere com a lei da retribuição em sua própria esfera.

O tom puramente pessoal é retomado e continua ininterrupto até o encerramento. Na porção anterior, Davi estava passivo, com exceção da voz da oração, e apenas o braço divino era sua libertação. Na segunda metade, ele é ativo, o rei vencedor, cujos braços são fortalecidos por Deus a fim de conquistar. Essa diferença talvez sugira a referência da primeira parte à perseguição por Saul, quando, como já vimos, o exilado sempre retrocedia quanto a vingar a si mesmo; e, da segunda, aos primeiros anos de sua monarquia, que, conforme veremos, foi caracterizada por muita atividade militar bem-sucedida. Se for assim, a data do salmo seria naturalmente considerada como próxima de suas campanhas vitoriosas quando "o Senhor lhe tinha dado descanso de todos os seus inimigos ao redor" (2SM 7:1). Seja como for, a última porção do salmo nos mostra esse rei guerreiro atribuindo todas as suas bem-sucedidas vitórias somente a Deus e construindo sobre elas a confiança de um domínio mundial. É difícil determinar o ponto em que a memória passa a ser esperança, e há uma grande variedade de opiniões acerca desse assunto entre os comentaristas. Talvez seja melhor seguir muitas das versões mais antigas, e a valiosa exposição de Hupfeld, com relação a toda a seção que segue a partir do versículo 37, de nossa tradução, como uma expressão de confiança forjada pelas experiências passadas. Assim sendo, teremos dois períodos na segunda metade do *Salmo 18*: as vitórias anteriores, asseguradas pelo auxílio divino (vv.31-36), e os triunfos futuros dos quais estas são a garantia (vv.37-50).

Na primeira porção, resplandece não apenas a consciência habitual de Davi de sua dependência de Deus e de Seu auxílio, mas, igualmente, uma imagem bastante impactante de suas qualificações físicas para ser um líder militar. Ele é cingido com força física; é veloz, com pés certeiros como os das corças; apto, como os antílopes selvagens que frequentemente vira saltando entre as vertiginosas projeções dos penhascos no deserto, para escalar os despenhadeiros onde seus inimigos ergueram fortalezas para si mesmos; suas mãos são treinadas para a guerra, e seu braços vigorosos pode envergar o grande arco de bronze. Porém, essas capacidades são dádivas, e não foram elas que tornaram Davi vencedor, mas sim o seu Doador. Olhando para trás, para seu passado, este é seu resumo:

Também me deste o escudo da tua salvação;
a tua mão direita me susteve,
e a tua clemência me engrandeceu. SALMO 18:35

A força divina, Seu broquel, Sua mão sustentadora, Sua condescendência, segundo a qual o Senhor se inclina para olhar e ajudar o fraco, demonstrando-se humilde para com os humildes. Essas têm sido as armas do salmista e delas veio a sua vitória.

Por causa delas, ele antecipa um futuro semelhante ao passado, porém ainda mais glorioso, Davi nos ensina assim como a imutável fidelidade de nosso Deus deveria nos encorajar a considerar todas as bênçãos que já recebemos apenas como penhor daquilo que ainda está por vir. Ele se vê perseguindo seus inimigos e abatendo-os até o chão. A feroz luz da batalha arde em meio à frases rápidas que pintam a fuga em pânico, a veloz perseguição, os gritos em vão pedindo socorro aos homens e a Deus, e a aniquilação final do adversário:

Então os reduzi a pó, o pó que o vento leva;
lancei-os fora como a lama das ruas. SALMO 18:42

Depois, Davi dá voz à consciência de que seu reinado é destinado a se estender para muito além dos limites de Israel, em palavras que, como muitas outras profecias, podem ser traduzidas no tempo presente, mas são obviamente futuras em significado: o profeta se colocando, em sua imaginação, em meio ao tempo em que ele fala.

Dos conflitos do povo [isto é, Israel] me livraste
e me fizeste cabeça das nações;
um povo que eu não conhecia me serviu.
Bastou-lhe ouvir a minha voz, logo me obedeceu;
os estrangeiros se mostram submissos a mim.
Os estrangeiros fraquejaram e, tremendo,
saíram das suas fortalezas. SALMO 18:43-45

A rebelião que inicialmente enfraqueceu seu reinado é subjugada e seu domínio se estende para além das fronteiras de seu próprio povo. Tribos estrangeiras se submetem ao simples mencionar do seu nome e se dobram diante dele em submissão forçada e fingida. As palavras são literalmente "mentem para mim", e descrevem as profusas confissões de lealdade características dos orientais quando conquistados. O poder deles murcha diante dele como uma flor recolhida quando diante de um vento abrasador, e os fugitivos rastejam, tremendo, para fora de seus covis onde haviam se escondido.

Ele novamente recorre ao pensamento que flui como um rio de luz por todo o salmo — de que todo o seu auxílio está em Deus. Os títulos que ele amorosamente reuniu no começo do salmo são, em parte, ecoados no encerramento. "O SENHOR vive! Bendita seja a minha rocha! Exaltado seja o Deus da minha salvação" (v.46). Seus livramentos lhe ensinaram a conhecer o Deus vivo, rápido para ouvir, ativo para ajudar, em quem o salmista vive e que magnificou Seu próprio nome quando salvou Seu servo. E, do mesmo modo como a bendita convicção é o resumo de toda a sua experiência, assim, um voto jubiloso expressa toda a sua decisão e se emociona com esta expectativa, que ele acalentou até mesmo em seu solitário exílio: a música deste salmo fosse, um dia, ecoada por todo o mundo. Com a elevada percepção de sua nova dignidade, e humilde senso de que ela é dádiva de Deus, esse salmista enfaticamente se autointitula *Seu* rei, *Seu* ungido, como se estivesse pegando a coroa de sua fronte e colocando-a no altar. Com um olhar profético, observa adiante e contempla o trono ao qual fora levado, por uma série de milagres, durando para sempre, e a misericórdia de Deus sustentando o domínio de sua casa por todas as gerações.

Por isso, eu te glorificarei entre os gentios, ó SENHOR,
e cantarei louvores ao teu nome.
É ele quem dá grandes vitórias ao seu rei
e usa de misericórdia para com o seu ungido,
com Davi e sua posteridade, para sempre.
SALMO 18:49-50

O rei (Parte 2)

E quais eram seus propósitos para o futuro? Aqui está a resposta, em um salmo que tem sido visto, com considerável adequação, como um tipo de manifesto dos princípios que ele pretendia que caracterizassem seu reinado: "Em minha casa, andarei com sinceridade de coração. Não porei coisa injusta diante dos meus olhos..." (SL 101:2-3). De sua parte, ele começa seu reinado com um nobre domínio próprio, não querendo torná-lo uma região indulgente, mas sentindo que há uma lei acima da sua vontade, da qual ele é apenas servo, e sabendo que, para que seu povo e sua vida pública sejam o que devem ser, sua vida pessoal e doméstica deve ser pura. Quanto à sua corte e seus ministros, ele varrerá completamente as pragas que se acumulam, picam e zunem ao redor do trono. Não suportará o obstinado, o perverso, os caluniadores secretos, os corações orgulhosos, os ardilosos conspiradores, os mentirosos e os praticantes do mal, diante disso declara: "Os meus olhos procurarão os fiéis da terra, para que morem comigo; o que anda em reto caminho, esse me servirá" (101:6). Ele queima com a ambição, a mesma que iluminou o início de muitos reinados que se obscureceram em crueldade e crime, de fazer de seu governo uma imagem esmaecida de Deus e de trazer o verdadeiro Israel à conformidade com sua antiga Carta Magna: "vocês serão para mim [...] uma nação santa" (ÊX 19:6). Assim, sem saber como era difícil a tarefa que planejara, e sem sequer sonhar com sua dolorosa queda, ele agarra a espada, decidido a usá-la para o terror dos que praticam o mal, e faz este voto: "...destruirei todos os ímpios da terra, para limpar a cidade do Senhor dos que praticam a iniquidade" (101:8). Essa foi sua "proclamação contra a depravação e a imoralidade"[5] em sua ascensão ao seu trono.

---

[5] N.T.: Possível referência, em tradução livre, à *Proclamation For the Encouragement of Piety and Virtue*, publicada durante o reinado de George III, monarca britânico que antecedeu, em pouco, a vida de MacLaren.

CAPÍTULO 10

O rei
(Parte 3)

Assim os anos começaram bem nos livros históricos, caracterizados, principalmente, por três eventos, a saber: o transporte da arca para a recém-conquistada cidade de Jerusalém, a profecia de Natã acerca do domínio perpétuo da casa de Davi e suas vitórias sobre as nações vizinhas. Esse tripé da narrativa está abundantemente ilustrado nos salmos.

Quanto ao primeiro, temos relíquias de um alegre cerimonial ligadas a ele em dois salmos, o 15 e o 24, que são singularmente semelhantes não apenas no assunto, mas no estilo, ambos sendo lançados em uma forma altamente dramática de perguntas e respostas. Essa peculiaridade, conforme veremos, é um dos elos de ligação que os une à história descrita em 2 Samuel 6. De tal registro, aprendemos que o primeiro pensamento de Davi, após estar firmemente estabelecido como rei sobre todo Israel, foi a entronização da, por muito tempo esquecida, arca de Deus em sua cidade recém-capturada.

Esse venerável símbolo da presença do verdadeiro Rei havia enfrentado muitas adversidades desde os dias em que fora carregada ao redor das muralhas de Jericó. Supersticiosamente conduzida à batalha, como se fosse uma mera salvaguarda mágica, por homens cujo coração não estava alinhado com Deus, a presença que eles haviam invocado se tornou a ruína deles, Israel foi espalhado, e a "arca de Deus foi tomada" (1SM 4:11) no fatal campo de Afeca. Foi carregada em triunfo pelas cidades filisteias e enviada de volta por medo. Fora recebida com alegria pelos habitantes do vilarejo de Bete-Semes, que levantaram seus olhos do trabalho na sega e a viram sendo carregada pelo estreito vale que vinha da planície filisteia. A insolente curiosidade deles foi significativamente punida: "Os homens de Bete-Semes disseram: 'Quem poderia estar diante do SENHOR, este Deus santo? E para onde subirá, para que fique longe de nós?'" (1SM 6:20). Depois, foi levada para o isolamento da floresta de Quiriate-Jearim (a cidade das florestas) e lá colocada na "casa de Abinadabe, que ficava na colina" (1SM 7:1), onde ficou negligenciada e esquecida por cerca de 70 anos. Durante o reinado de Saul, eles não se valeram dela (veja 1 CRÔNICAS 13:3) e, de fato, toda a adoração a Iavé parecia estar em declínio.

Davi se determinou a reorganizar o culto público a Deus, arranjou um grupo de sacerdotes e levitas, acompanhados de um coro e orquestra organizados (veja 1 CRÔNICAS 15), e depois procederam como representantes de toda a nação para trazer a arca de seu refúgio na floresta. Contudo, novamente a morte transformou o júbilo em pranto: o destino de Uzá silenciou as exultantes canções, e naquele "dia, Davi teve medo do SENHOR e disse: 'Como poderei levar comigo a arca do SENHOR?'" (2SM 6:9). A perigosa honra recaiu sobre a casa de Obede-Edom e, apenas depois da bênção que se seguiu durante os três meses de estada da arca naquela região, Davi se aventurou a prosseguir com seu propósito.

Não há necessidade de repetir aqui a história do deslocamento, de fato, da arca à Cidade de Davi com um festivo cerimonial, tampouco a insultante zombaria de Mical, que antes amava o rei tão apaixonadamente. Ela provavelmente se ressentia da violenta separação de suas alegrias caseiras que haviam tomado conta dela em seu segundo lar; talvez a mulher que tinha um "ídolo do lar" entre suas mobílias (veja 1 SAMUEL 19:13) não se importava com a arca de Deus; quem sabe, à medida que ela envelhecia, seu caráter havia endurecido em seus contornos e se tornado semelhante ao de seu pai em seu orgulho desmedido e em seu sentimento (em parte, medo; em parte, ódio) por Davi — todos esses motivos reunidos derramaram seu veneno em sarcasmo. Sarcasmo atrai sarcasmo; o marido sente que a esposa é, em seu coração, partidária da falida casa de Saul e uma desprezadora do Senhor e da adoração a Ele. As palavras dela sibilam com escárnio; a animosidade dele arde em ira e reprovação — e assim esses dois, que haviam sido tão carinhosos em dias passados, separam-se para sempre. O único ato duvidoso que manchara sua ascensão foi logo vingado. Seria melhor para ambos que ela nunca tivesse sido separada daquele marido fraco e amoroso que a seguiu chorando e foi mandado de volta por uma simples palavra, lançada a ele por Abner, como se fosse um cão ao encalço deles (veja 2 SAMUEL 3:16).

A alegria e o triunfo, o maravilhamento e as memórias de vitória que se acumulavam cercando o temível símbolo da presença do Senhor dos Exércitos são maravilhosamente expressos no melodioso *Salmo 24*. Ele se divide em duas partes, que Ewald considera como sendo originalmente duas composições diferentes. Entretanto, elas são, obviamente, ligadas tanto pela forma como pelo conteúdo. Em cada uma, temos uma pergunta e uma resposta, como no Salmo 15, que pertence ao mesmo período. A primeira metade responde à questão: "Quem subirá ao monte do SENHOR? Quem há de permanecer no seu santo lugar?" (v.3) — um eco da exclamação aterrorizada das pessoas de Bete-Semes, já citada. A resposta é uma descrição do *homem que habita com Deus*. A segunda metade diz respeito a uma pergunta correlata: "Quem é o Rei da glória?" (v.8) e descreve *o Deus que vem habitar com o homem*. Ela corresponde, em seu conteúdo, embora não na forma, ao pensamento de Davi quando Uzá morreu, no que concerne a Deus se aproximar dos adoradores, em vez de os adoradores se aproximarem do Senhor. Ambas as porções são unidas por uma verdadeira ligação interna, ao demonstrarem uma aproximação mútua entre Deus e o homem, o que leva à comunhão e, assim, constituem as duas partes de um todo inseparável.

A maioria dos expositores reconhece uma estrutura coral no salmo, bem como em muitos outros desse tempo, como seria natural no momento da reorganização do serviço público musical. Provavelmente, podemos entender a essência para sua forma ao supor que seja um hino de procissão, em que a primeira metade deveria ser cantada durante a subida à Cidade de Davi, e a segunda, enquanto se estivesse diante dos portões. Temos, então, que imaginar a longa fila de adoradores subindo a lateral rochosa da colina até a antiga fortaleza recém-conquistada, os levitas carregando a arca de Deus, e a alegre multidão afluindo atrás deles.

Primeiramente, de todos os cantores, brota a triunfante proclamação da soberania universal de Deus: "Ao SENHOR pertence a terra e a sua plenitude, o mundo e os que nele habitam. Porque ele fundou-a sobre os mares e sobre as correntes a estabeleceu" (vv.1-2). É muito digno de nota que tal pensamento devesse preceder a declaração de Sua especial habitação em Sião. Esse modo de pensar preserva a convicção dos abusos aos quais ela estava naturalmente sujeita: as superstições, a estreiteza, o desprezo por todo o restante do mundo como sendo abandonado por Deus, o que perverteria a convicção tornando-a em algo de natureza sensorial. Se Israel viesse a imaginar que Deus lhes pertencia, e que havia apenas um local sagrado em todo o mundo, não seria por falta de claras afirmações contrárias a esse pensamento, algo que se tornou mais enfático com cada novo passo no desenvolvimento do sistema de exclusividade sob o qual eles viviam. O próprio fundamento de seu peculiar relacionamento com Deus fora declarado no momento em que fora constituído, pois o Senhor afirma: "...toda a terra é minha" (ÊX 19:5). Assim, quando o símbolo de Sua presença deveria ter seu local de habitação no centro da vida nacional, o salmista lança como alicerce de sua canção a grande verdade de que a presença divina estava concentrada em Israel, mas não confinada lá: concentrada de modo que pudesse ser difundida. A glória que ilumina os desnudos cumes de Sião está sobre todos os montes; e Aquele que habita entre os querubins habita todo o mundo, o qual é preenchido por Sua presença contínua, plena e que se eleva acima das torrentes.

Depois, à medida que eles sobem, uma voz solo talvez entoe a solene pergunta: "Quem subirá ao monte do SENHOR? Quem há de permanecer no seu santo lugar?" (SL 24:3).

E a resposta cheia de harmonias retrata o homem que habitará com Deus em palavras que começam, sem dúvida, com exigências rigorosas por pureza absoluta, mas maravilhosamente alteram seu tom, à medida que avançam, trazendo certezas graciosas e a mais clara visão de que a natureza moral adequada à presença de Deus é uma dádiva divina. "O que é limpo de mãos e puro de coração, que não entrega a sua alma à falsidade, nem faz juramentos com a intenção de enganar" (v.4). Há uma lei eterna que nada poderá alterar; pois para habitar com Deus, um homem deve ser parecido com Deus — a lei da Nova Aliança bem como a da Antiga: "Bem-aventurados os limpos de coração, porque verão a Deus" (MT 5:8).

Contudo, essa exigência, impossível de ser cumprida, não é tudo (se fosse, a procissão deveria interromper-se). E, ainda mais alto, eles galgam; novamente, a canção irrompe em palavras mais profundas e mais esperançosas: "Este *receberá* do SENHOR a bênção e a justiça do Deus da sua salvação" (SL 24:5, ênfase adicionada). Aquele que, honestamente, tentar se conformar a tais requisitos logo descobrirá que não possui essa justiça; assim, ela deve ser recebida do alto, e não desenvolvida a partir de seu interior. Ela é um dom de Deus, não um produto da labuta humana. Deus nos tornará puros para que possamos habitar com Ele. Isso tampouco é tudo. A condição de receber tal dom já foi parcialmente estabelecida na cláusula precedente, que parece requerer que a justiça seja possuída como uma condição para a receber. O paradoxo resultante é inseparável do cenário do conhecimento religioso obtido sob a lei mosaica.

Porém as últimas palavras da resposta vão muito além disso e proclamam uma verdade especial do evangelho: a justiça que torna alguém apto para habitar com Deus é concedida sob a simples condição de *buscar* a Ele. A essa designação do verdadeiro adorador é atrelada, de modo talvez abrupto, a palavra "Jacó", que não precisa ser traduzida com um desnecessário e improvável complemento, como em nossa versão bíblica "o Deus de Jacó", ou como uma invocação, mas é melhor considerada como uma aposição com as demais cláusulas descritivas e declarando, conforme já vimos Davi fazendo nos salmos anteriores, que os personagens retratados neles, e somente esses, constituem o verdadeiro Israel.

Esta é a geração dos que o buscam,
dos que buscam a [Tua] face — [este é] Jacó.
SALMO 24:6

Desse modo, a primeira pergunta: "Quem é o homem que habitará com Deus?", foi respondida. O puro, que recebeu a justiça, que busca a Ele, o verdadeiro Israel.

Agora a procissão chegou à frente da antiga cidade sobre o monte e está diante das mesmas muralhas e dos portões castigados pelo clima que Melquisedeque pode ter atravessado e que estiveram trancados contra Israel até que o poder de Davi os tivesse partido. O triunfo nacional e os alegres louvores são maravilhosamente misturados nas convocações que soam da boca dos levitas do lado de fora: "Levantem as suas cabeças, ó portas! Levantem-se, ó portais [que são] eternos" (v.7), como se até mesmos seus altíssimos portais fossem baixos, "para que entre o Rei da glória". Que força há nesse nome aqui, nessa antiga canção do Rei! Quão claramente Davi reconhece seu derivado poder e o verdadeiro Monarca, de quem ele é apenas um obscuro representante! A cidade recém-conquistada é convocada a admitir seu verdadeiro Conquistador e Soberano, cujo trono é a arca, que foi enfaticamente chamada de "a glória"[1], e, em cujo comboio os reis terrenos seguem como súditos e adoradores. Então, com uma magnífica força dramática, uma voz solo de dentro dos portões trancados pergunta, como se fosse um guardião suspeito: "Quem é o Rei da glória?" (v.8). Com esse brado de orgulhosa confiança e memórias triunfantes de centenas de campos vem, pronta e plena, a explosão de muitas vozes na resposta: "O Senhor, forte e poderoso, o Senhor, poderoso nas batalhas" (v.8). A relutância de um mundo antagonista em se dobrar a Israel e ao Rei de Israel é vividamente representada na repetição da pergunta em uma forma levemente mais expressiva de ignorância e dúvida, em resposta à reiteradas convocações: "Quem é esse Rei da glória?" (v.10). Com que profunda intensidade de triunfo ressoa, grave e profundo, o brado do coral: "O Senhor dos Exércitos, ele

---

[1] "Mas deu ao menino o nome de Icabô [significa "não há glória"], dizendo: —Foi-se a glória de Israel. Ela disse isto, porque a arca de Deus havia sido tomada..." (1Sm 4:21).

é o Rei da glória". Esse nome que o anuncia como Soberano das forças pessoais e impessoais do Universo — anjos, estrelas, criaturas terrenas, todos reunidos em fileiras ordenadas, preparados para Seu serviço — era um título comparativamente novo em Israel[2], e trouxe consigo pensamentos de um poder irresistível na Terra e no Céu. Ele atinge, como uma catapulta, os antigos portões; e, diante dessa proclamação, o nome onipotente do Deus que habita com os homens, eles rangem em suas dobradiças de bronze, e a arca do Senhor entra em seu descanso.

---

[2] Afirma-se que essa é a primeira apresentação desse título (*Psalms Chronologically Arranged by Four Friends* — Os salmos ordenados cronologicamente, por Quatro Amigos, livro publicado em Londres, em 1891). Contudo, ele ocorre no voto de Ana (veja 1 Samuel 1:11); nas palavras de Samuel a Saul (15:2); na resposta de Davi a Golias (17:45). Também o temos no Salmo 59, que consideramos como seu primeiro durante o exílio. Será que os autores mencionados consideram esses discursos de 1 Samuel como não autênticos?

CAPÍTULO 11

O rei
(Parte 4)

O segundo evento registrado como importante nos primeiros anos luminosos é a grande promessa da perpetuidade do reino na casa de Davi. Tão logo o reino foi firmemente estabelecido e ficou livre de guerras, ele se lembrou da antiga palavra que dizia: "Mas vocês irão passar o Jordão e morar na terra que o Senhor, seu Deus, lhes dará por herança. Ele lhes dará descanso de todos os seus inimigos ao redor, e vocês viverão seguros. Então haverá um lugar que o Senhor, seu Deus, escolherá para ali fazer habitar o seu nome" (DT 12:10-11). Para Davi, seu próprio conforto lhe é reprimenda; considera sua tranquilidade não como um tempo para indolência egoísta, mas como um chamado para novas formas de serviço. Ele poderia bem ter encontrado uma desculpa nos muitos problemas e adversidades de sua vida passada para uma vida luxuosa de repouso agora. Mas as almas devotas consagrarão seu lazer bem como o seu trabalho a Deus e em paz servirão, com ofertas de gratidão, Aquele a quem invocaram com profundo anelo na batalha. A prosperidade não é nociva apenas quando é aceita como uma oportunidade para formas novas de devoção, não como uma ocasião para autoindulgência ociosa. Assim lemos, com referência verbal distinta, as palavras já citadas: "...quando o rei Davi já morava em seu palácio, pois o Senhor lhe tinha dado descanso de todos os seus inimigos ao redor, o rei disse ao profeta Natã: 'Veja! Estou morando num palácio feito de cedro, mas a arca de Deus se encontra numa tenda'" (2SM 7:1-2). O impulso da devoção generosa daquele que não pode suportar dispender mais consigo mesmo do que aquilo que doa a Deus foi inicialmente elogiado pelo profeta; mas, na solitude de seus pensamentos noturnos, a visão mais elevada falou em seu espírito, e a palavra do Senhor lhe deu uma mensagem para o rei.

A narrativa de 2 Samuel não faz menção da vida de guerreiro de Davi como sendo inadequada para a tarefa, que encontramos em 2 Crônicas, como a razão pela qual seu propósito foi colocado de lado, mas traz à proeminência o pensamento de que o impulso generoso de Davi estava se adiantando ao mandamento divino, e que seu zelo para servir estava ameaçando-o de se esquecer de sua completa dependência de Deus e de imaginar qual Deus seria o melhor para ele. Desse modo, a mensagem profética lhe relembra de que o Senhor jamais, por todos os séculos, havia solicitado uma casa de cedro e relembra a vida passada de Davi como sendo totalmente moldada e abençoada por Ele, enquanto, nitidamente, inverte a proposta do rei em sua própria grande promessa: "O Senhor também lhe faz saber que ele, o Senhor, fará uma casa para você" (2SM 7:11). Depois disso, segue-se a predição de um filho para Davi, que edificaria um templo a Deus, cujo reino seria perpétuo, cujas transgressões seriam de fato corrigidas, mas jamais punidas como aquelas do triste Saul. Depois, em termos enfáticos e inconfundíveis, é reiterada a perpetuidade da casa de Davi, seu reino, seu trono, como o encerramento de tudo.

A maravilhosa explosão de louvor que brotou do coração de Davi como resposta não pode ser tratada aqui; mas, claramente, daquele tempo em diante, um novo elemento fora acrescentado às suas esperanças e um novo objeto trazido à sua fé. A profecia sobre o Messias entra em um novo estágio, trazendo uma relação, como nos seus sucessivos estágios sempre trouxe de modo inconfundível, à história que lhe fornece uma moldura. Nesse momento, pela primeira vez, ele pode ser estabelecido como o rei de Israel; agora, a amplitude da promessa que inicialmente envolvia a semente da mulher, depois afunilando para a semente de Abraão e em seguida provavelmente à tribo de Judá, é melhor definida como cumprida na linhagem da casa de Davi. Agora o próprio Messias, pessoalmente, começa a ser discernido por meio das palavras que deveriam de ter um cumprimento preparatório, profético em si mesmo, no coletivo dos monarcas davídicos cujo próprio ofício era, também, uma profecia.

Muitos ecos dessa nova mensagem ressoam pelos últimos salmos do rei. Seu próprio domínio, suas conquistas e seu ofício se tornam, gradualmente, a ele mesmo, uma profecia de um descendente misterioso que seria verdadeira e completamente tudo o que ele era como sombra e em parte. Assim como a experiência do exílio, a do monarca vitorioso fornecia as cores com as quais o espírito da profecia, de antemão, pintava nele "os sofrimentos que Cristo teria de suportar e as glórias que viriam depois desses sofrimentos" (1PE 1:11). Em ambas as classes de salmos, temos duas formas de referências messiânicas: aquelas ligadas ao tipo e as puramente proféticas. Na primeira, os eventos da própria biografia de Davi e os sentimentos de sua alma são retratados e expressos como se para sugerir seu mais importante Filho. Na segunda, a personalidade do salmista permanece no fundo e é, no máximo, o ponto inicial para gemidos de sofrimento ou raios de glória, que em muito transcendem qualquer coisa na vida desse cantor. Há porções, por exemplo do Salmo 22 e do Salmo 69, que nem por tortura podem ser forçadas para corresponder a qualquer das provações de Davi; de forma semelhante, há hinos de vitória e predições de domínio que exigem uma interpretação maior do que a sua própria realeza ou as esperanças para sua casa poderiam produzir. Naturalmente, se a profecia é impossível[1], não há mais o que dizer, contudo, nesse caso, uma parte considerável do Antigo Testamento, incluindo muitos dos salmos davídicos, é ininteligível.

Talvez o exemplo mais óbvio de uma nítida profecia de vitorioso domínio do Messias pessoal seja o *Salmo 110*. Nele, vemos, sem dúvida, a influência da própria história do salmista moldando a imagem que se ergue diante de sua alma. Contudo, os atributos desse Rei a quem ele contempla não

---

[1] N.T.: Retomada de argumento do capítulo anterior. Não que a profecia seja impossível de acontecer, mas MacLaren se refere aqui aos que analisam os salmos desconsiderando a realidade sobrenatural da profecia.

são seus atributos, tampouco de qualquer de seus descendentes que usaram a coroa em Israel. E, mesmo que sua história apresente a forma, é o "Espírito de Cristo, que [nele] estava" (1PE 1:11), que lhe confere conteúdo e transfigura a monarquia terrena em um domínio celestial. Não entraremos na questão da autoria davídica desse salmo. Aqui não precisamos nos apoiar nos títulos atribuídos pelos judeus, mas nas palavras daquele cuja afirmação patente deveria ser o que "põe fim a toda discussão" (HB 6:16). Cristo diz que Davi o escreveu. Certamente, estamos suficientemente defasados em relação à antiguidade para crer que o que o Senhor disse era exatamente o que queria dizer, e o que Ele queria dizer é a verdade.

Assim, esse salmo, sendo da autoria de Davi, dificilmente poderia ser anterior ao tempo da profecia de Natã. Há traços nele da influência da história do salmista, dando forma às predições, conforme já afirmamos. Possivelmente, podemos ver isso no fato de Sião ser chamada de assento da soberania do Messias e em referência a Melquisedeque; ambos os argumentos assumem nova força se supormos que a antiga cidade, sobre a qual esse personagem um tanto esquecido antes governara, havia recentemente se tornado posse de Davi. Talvez, também, a sua alegria em trocar sua armadura e vestimentas reais pela "estola sacerdotal de linho" (2SM 6:14), quando trouxe a arca de Deus para o descanso, e sua consciência de que, nele mesmo, os ofícios régio e sacerdotal não se combinavam, pode tê-lo levado a meditações no significado de ambos e nas misérias que pareciam fluir igualmente de sua separação e de sua união, que haviam precedido o dia em que Davi ouviu o juramento divino de que, em um futuro distante, eles se fundiriam naquela poderosa figura que deveria repetir, de modo mais elevado, a união das funções que investiam aquele obscuro rei da justiça e sacerdote de Deus no passado remoto (veja SALMO 110:4; GÊNESIS 14:18).

Davi discerne que o suporte que *ele* tem da mão direita de Deus, *seu* cetro (que ele agita em Sião), *seu* povo leal enfim amalgamado em unidade, *suas* vitórias nas batalhas contra as nações ao redor, tudo, eram apenas pálidas sombras daquele que viria. Aquela figura solene no horizonte da esperança é seu Senhor, o verdadeiro Rei, de quem ele era vice-rei, a "flor resplandecente e perfeita"[2] em função de quem as raízes existem. E, enquanto contempla os majestosos contornos brilhando por entre os fatos de sua própria história, como um fogo oculto labutando em um espaço estreito de onde salta em espirais rubras que rompem seus grilhões e queimam em direção ao céu, Davi é impelido pelo impulso profético, e o Espírito de Deus fala por intermédio de sua língua palavras que não têm sentido, a menos que seu tema seja um Governante divino e um Sacerdote para todo o mundo.

Davi começa com as solenes palavras com as quais a mensagem profética costuma ser anunciada, marcando assim desde o seu início a característica do salmo. O "oráculo" ou "palavra de Iavé ao meu Senhor", que ele ouviu, é uma nova revelação que lhe foi feita desde os Céus. Davi é elevado e ouve a voz divina chamando Jesus à Sua mão direita, à mais íntima comunhão com Ele, para empunhar a força da onipotência — Aquele que Davi reconhecia como seu Senhor.

---

[2] N.T.: Referência à frase *Moral excellence is the bright consummate flower of all progress* (A excelência moral é a flor resplandecente e perfeita de todo o progresso) do ex-senador americano Charles Sumner (1811–74).

O rei (Parte 4)

E quando a voz divina cessa, tendo Suas ordens cumpridas, o espírito profético no vidente entoa o hino da coroação do Descendente entronizado ao lado da Majestade no Céu. "O S<small>ENHOR</small> lhe enviará de Sião o cetro do poder, dizendo: 'Domine entre os seus inimigos'" (SL 110:2). Estão em uma posição singular de justaposição o trono da destra de Deus e o cetro — emblema da soberania — partindo de Sião, um domínio exercido na Terra por um monarca no Céu, um domínio cujo centro é Sião, e de indefinida extensão universal. Igualmente, é uma monarquia estabelecida em meio a seus inimigos, sustentada apesar do antagonismo, não apenas por meio do poder de Iavé, como também pela atividade do próprio "domínio" do soberano. É um governo por cuja manutenção as almas devotas irromperão em oração, e os mais poderosos podem trazer apenas suas aspirações.

Entretanto, a visão inclui mais do que o rei guerreiro e seus inimigos. Incorporado, por assim dizer, no próprio âmago da descrição do primeiro, vem o retrato de Seus súditos, como testemunha do quão próxima é a união entre o Senhor e eles e do quão inseparáveis de Suas glórias estão aqueles que o servem. "O seu povo se apresentará voluntariamente, no dia em que você manifestar o seu poder" (v.3). O exército está reunido[3]. Eles não são mercenários ou homens sob pressão. Reúnem-se alegremente ao estandarte, como os antigos guerreiros celebrados no cântico da vitória de Débora, que "se oferece[ram] voluntariamente" (JZ 5:2). A palavra de nosso

---

[3] A palavra traduzida como "poder" em nossa versão tem o mesmo sentido duplo que antigamente, ou como "força" que agora, às vezes, significa "potência" e, outras vezes, "exército". O último termo é o mais adequado aqui. "O dia em que você manifestar o seu exército" será, então, equivalente ao dia da reunião das tropas.

salmo pode ser traduzida como "ofertas voluntárias", e a cláusula toda nos leva até o coração desta grande verdade: a alegre consagração e a grata autorrendição é o único vínculo que nos ata ao Capitão de nossa salvação, que se entregou por nós, ao manso Monarca cuja coroa é de espinhos e Seu cetro, de cana, como sinais de que Seu domínio repousa no sofrimento e é exercido em bondade.

As próximas palavras deveriam ser pontuadas à parte, como uma cláusula separada, coordenada com a anterior e acrescentando outra característica à descrição do exército. Na "beleza da sua santidade" (SL 96:9) é um título comum para as vestimentas sacerdotais: a ideia é que o exército é um exército de sacerdotes, da mesma forma que o próprio rei é um sacerdote. Eles são vestidos não em cotas de malha e trajes de guerra, mas "com santos ornamentos" (SL 110:3), como o exército que um profeta mais tardio viu seguindo o Senhor dos senhores. Sua guerra não é pela força e crueldade, nem suas conquistas, sangrentas; mas eles devem ser sacerdotes, mesmo enquanto soldados, tendo por suas armas a pureza e devoção, sendo sua misericordiosa luta para trazer os homens a Deus e para refletir Deus aos homens. Ao redor da primeira imagem, unem-se todas as ideias de disciplina, coragem, consagração a uma causa, lealdade a um líder; ao redor da outra, todos os pensamentos de gentileza, de uma atmosfera de calma devoção e pacífica como a do Lugar Santo, de caráter imaculado. Os servos de Cristo devem ser tanto soldados quanto sacerdotes, como algumas daquelas ordens de cavaleiros que tinham a cruz em seu capacete e escudos, e moldavam o punho de suas espadas nesse formato. E esses soldados-sacerdotes são descritos ainda com outra imagem:

"como o orvalho do alvorecer, virão os seus jovens" (v.3), em que devemos considerar a última palavra como usada em sentido coletivo e equivalente a "Teus jovens guerreiros". Eles são como o orvalho brilhando em infinitas gotas sobre cada folha de grama, gemas pendentes em cada pedaço de madeira morta, formada em secreto silêncio, refletindo a luz do sol e, embora cada gota seja pequena e frágil, juntas elas refrescam o mundo sedento. Assim, formados por um poder invisível e misterioso, individualmente insignificantes, mas poderosos no conjunto, espelhando Deus, avivando e embelezando o mundo cansado, os servos do Rei-Sacerdote devem ser "no meio de muitos povos como orvalho do Senhor" (MQ 5:7).

Outra palavra solene vinda dos lábios de Deus começa com a segunda parte do salmo: "O Senhor jurou..." (v.4). Essa declaração dá a sanção e a garantia de Sua própria natureza, coloca como caução Seu próprio ser para o cumprimento da promessa. E aquilo que Ele jura é algo novo na Terra. A união dos ofícios de rei e de sacerdote no Messias, e a eterna duração de ambos nele, é um avanço distinto no desenvolvimento da profecia messiânica. A ocasião histórica para ela pode, de fato, ser conectada com o reinado de Davi e a conquista da cidade de Melquisedeque, porém a verdadeira fonte dela é a inspiração preditiva direta. Temos aqui não meramente um salmista devoto meditando nas verdades reveladas antes de seu tempo, mas o profeta recebendo uma nova palavra de Deus, não ouvida por ouvidos mortais, e transcendendo em muito até mesmo as promessas feitas a Davi por Natã. Há apenas uma pessoa a quem ela se aplica: ao "homem cujo nome é Renovo" que se assenta em Seu trono como um sacerdote e constrói "o templo do Senhor" (ZC 6:12-13).

Assim como a palavra divina anterior, essa também é seguida pela arrebatadora resposta do profeta, que dá sequência ao retrato do sacerdote-rei. Contudo, há certa dúvida quanto à pessoa mencionada nos últimos versículos do salmo. "O Senhor, à sua direita, no dia em que se irar, esmagará os reis" (SL 110:5). À direita de quem? A resposta geralmente fornecida é: "Do Messias". Quem é o Senhor que esmaga os insignificantes reizinhos da Terra? Normalmente, a resposta é: "Deus". Todavia, ela é muito mais impactante, pois evita uma mudança brusca de pessoas no último versículo e traz um contraste impressionante com a parte anterior, se adotarmos um ponto de vista oposto e supormos que Iavé seja o interlocutor e que o Messias seja o protagonista.

Dessa forma, a primeira palavra divina é seguida pela invocação profética do Messias exaltado, entronizado à destra de Deus e aguardando "até que os seus inimigos sejam postos por estrado dos seus pés" (HB 10:13). A segunda é seguida pela invocação profética de Iavé e descreve o Senhor Messias à destra como anteriormente, mas, em vez de uma espera mais longa, Ele agora flameja em toda a invencível potência de conquistador. O dia de Sua convocação é sucedido pelo dia de Sua ira. Ele esmaga as monarquias terrenas. Os olhos do salmista contemplam toda a Terra como um grande campo de batalha. Assim, Ele encherá as nações "de cadáveres; esmagará cabeças por toda a terra" (v.6), o que talvez pode ser uma referência ao primeiro alvorecer da esperança que a misericórdia de Deus deixou brilhando no horizonte humano — "Este lhe ferirá a cabeça..." (GN 3:15) —, ou a palavra poderia ser usada como uma expressão coletiva para governantes, como o paralelismo com os versículos precedentes exigiria. Assim, caminhando a passos largos para a vitória sobre o inimigo prostrado e perseguindo o que resta do poder deles, no "caminho, beberá água na torrente e passará de cabeça erguida" (SL 110:7), palavras que são, de algum modo, difíceis, embora estejam interpretadas.

Se acompanharmos a maioria dos comentaristas modernos, considerando essas palavras como uma personificação pitoresca de zelosa urgência nas buscas — o conquistador "[cansado], mas ainda perseguindo os inimigos" (JZ 8:4), inclina-se momentaneamente para beber, depois correndo com força renovada atrás dos fugitivos —, dificilmente se poderia deixar de sentir que tal desfecho nesse salmo é trivial e mais semelhante a um jogo artificial de fantasia do que obra de um espírito profético, sem levar em conta o fato de que não há qualquer menção a perseguições no salmo. Se nos voltarmos à antiga interpretação, que vê em tais palavras a profecia dos sofrimentos do Messias provando a morte e bebendo da taça de sofrimentos e, como consequência, sendo altamente exaltado, teremos um significado que coroa dignamente o salmo, mas parece, de alguma forma, romper abruptamente a sequência de pensamento e impor a metáfora de beber da água na torrente em algum tipo forçado de paralelismo com as muito diversas imagens do Novo Testamento, já mencionados.

Contudo, a dúvida que devemos deixar sobre essas palavras finais não diminuem a preciosidade deste salmo como uma profecia clara e articulada proveniente dos lábios de Davi acerca do Filho de Davi, a quem ele havia aprendido a conhecer por meio das experiências e fatos de sua própria vida. Davi havia chegado ao trono por meio do sofrimento.

Deus o exaltara e lhe dera vitória, e o cercara de pessoas leais. Porém, ele era apenas uma sombra; as limitações e imperfeições cercavam seu ofício e o enfraqueciam; parte do conselho divino de paz não poderia ser, de maneira alguma, espelhada em suas funções, e a morte estava à sua frente. Assim, a sua glória e a sua fragilidade igualmente lhe ensinaram que "alguém mais poderoso" do que ele deveria lhe suceder, Alguém cujas "correias das suas sandálias" ele não era digno de desamarrar (JO 1:27) — o verdadeiro Rei de Israel, acerca de quem ele tinha a maior honra de testemunhar.

A terceira característica dos primeiros 17 anos de reinado de Davi são suas bem-sucedidas guerras contra as nações vizinhas. Os dias sombrios de derrota e subjugação, que haviam obscurecido os anos finais de Saul, agora eram findos, e sucessivos golpes foram desferidos com surpreendente rapidez nos perplexos inimigos. A narrativa quase fica sem fôlego enquanto conta, com celeridade e orgulho, como o "Leão da tribo de Judá" (AP 5:5) saltava agilmente para o sul, para o leste e para o norte, abatendo a Filístia, Edom, Moabe, Amom, Amaleque, Damasco e os sírios mais distantes, até ao Eufrates; sobre a coragem que ligava o rei e o povo, e sobre a unidade de coração e mãos com a qual eles ficavam ombro a ombro em muitos campos sangrentos, ecoando pelos salmos deste período. Independentemente do sentido mais elevado que lhes possa ser atribuído, as raízes deles estão firmes no solo da verdadeira história e eles são, antes de tudo, canções de guerra de uma nação. Assim, sendo eles também hinos inspirados para a Igreja do Senhor, em todas as eras, não representará qualquer dificuldade e tampouco proporcionará consagração alguma às guerras modernas, caso o caráter progressivo da revelação seja devidamente mantido em mente. Há toda uma série de salmos que apresentam esse tema, como o 20, 21, 60 e, provavelmente, o 68. Eles são uma explosão de triunfo nacional e louvor devoto, cheio de ardor marcial, palpitando com a exaltada consciência da habitação de Deus em Israel, abundando com alusões às antigas vitórias do povo, e globais em sua antecipação do triunfo futuro. Como é estranha a história de suas palavras introdutórias! Por entre a fumaça da batalha de quantos campos elas ecoaram! Nas planícies do Palatinado, dos lábios dos soldados de Cromwell e dos pobres camponeses que foram para a morte em muitos pântanos sombrios em prol da coroa e da aliança de Cristo, até a música dórica de seu rude cântico:

Deus se levanta; os seus inimigos se dispersam;
os que o odeiam fogem da sua presença.
SALMO 68:1

O *Salmo 60* é atribuído a Davi depois do sinal de vitória de Joabe sobre os edomitas (veja 2 SAMUEL 8). Ele se harmoniza muito bem com essa data, embora os primeiros versículos tenham tom de lamento tão profundo acerca dos desastres recentes, tão profundo que quase se inclina a supor que provém de mão mais tardia do que a de Davi. Entretanto, depois desses primeiros versos, tudo é energia de batalha e triunfo. Como o pensamento alegre de governar sobre um povo unificado, dança nas ágeis palavras: "Exultarei; dividirei Siquém e medirei o vale de Sucote" (SL 60:6). É como se ele tivesse repetido a conquista e divisão das terras de Josué; e os antigos locais históricos, que têm um lugar conspícuo na história de seu grande ancestral, estão agora em seu poder. "Gileade é meu e meu é também Manassés; Efraim é o meu capacete; Judá é o meu cetro" (v.7). Olha em direção ao leste, para as florestas e as terras altas pastorais do outro lado do Jordão, cujos habitantes estavam fracamente ligados à porção oeste da nação, e triunfa em saber que Gileade e Manassés estão sob seu controle. As principais tribos deste lado do rio são, para ele, como a armadura e o equipamento de um conquistador; ele se reveste do poder de Efraim, a cabeça natural da região norte como seu capacete, e agarra o poder de Judá com seu bastão de comando ou cetro de um governo real (veja GÊNESIS 49:10).

Assim, fortalecido na posse de um reino unido, seu olhar cintilante se dirige a seus inimigos, e uma alegria austera, misturada com menosprezo, irradia enquanto ele os vê reduzidos a trabalhos servis e tremendo diante dele. "Moabe, porém, é a minha bacia de lavar; sobre Edom atirarei a minha sandália; sobre a Filístia jubilarei" (SL 60:8). Os três adversários ancestrais que ficavam na fronteira sul de Israel estão subjugados de leste a oeste. Ele fará de um deles utensílio de desonra (veja 2 TIMÓTEO 2:20-21) para lavar seus pés, empoeirados pela batalha; enquanto isso, lançará seu sapato ao outro, como se faria com o escravo encarregado; o terceiro, aguardando um destino semelhante, estremece em temor diante vingança iminente. Ele anseia por novas vitórias: "Quem me conduzirá à cidade fortificada?" (SL 60:9), provavelmente a ainda não subjugada Petra, oculta em suas tortuosas ravinas, contendo apenas um caminho perigoso nos desfiladeiros. E, por fim, todo o triunfo da vitória se eleva a uma região mais alta de pensamento nas palavras de encerramento, que expõem o segredo de sua força e exalam o verdadeiro espírito do soldado de Iavé: "Em Deus faremos proezas, porque ele mesmo pisará os nossos adversários" (v.12).

O *Salmo 20*, outra dessas vivazes canções de guerra, está naquele formato coral que já observamos no Salmo 24, e a adoção dessa fórmula estava provavelmente ligada à cuidadosa organização de Davi do "culto musical". Ela é toda iluminada com a luz da batalha e com o brilho do amor leal.

O exército, pronto para a ação, como podemos ver, ora em favor do rei que, de acordo com o costume da época, traz os sacrifícios e ofertas antes da batalha. "Que o SENHOR lhe responda no dia da tribulação; que o nome do Deus de Jacó o proteja! Que do seu santuário lhe envie socorro e que desde Sião o sustenha. Que ele se lembre de todas as suas ofertas de cereais e aceite os holocaustos que você ofereceu" (vv.1-3). Então, enquanto eles agitam seus estandartes, ao brilho do sol, ou fincam as insígnias diante das fileiras de cada tribo, para que as defendam até a morte, o grito rouco se ergue das tropas: "...em nome do nosso Deus hastearemos pendões" (v.5). Após isso, uma voz solo do rei fala, regozijando-se na devoção dos soldados, que ele aceita como um presságio de que seu sacrifício não foi em vão: "Agora sei que o SENHOR salva o seu ungido; ele lhe responderá do seu santo céu com a vitoriosa força da sua mão direita" (v.6), não apenas do Deus que habita em Sião, de acordo com a linguagem da oração anterior, mas é do Senhor dos céus que a força virá. Depois, novamente, o coro dos exércitos exclama, à medida que observam do outro lado do campo as carruagens e a cavalaria do inimigo — exércitos que Israel raramente utilizava — "Uns confiam[4] em carros de guerra, e outros, em seus cavalos; nós, porém, invocaremos o nome do Senhor, nosso Deus" (v.7). Antes que uma espada seja desembainhada, eles veem o inimigo se espalhar: "Eles se prostram e caem; nós, porém, nos levantamos e nos mantemos em pé" (v.8). Então, um anelante clamor a Deus, mais um pensamento de Davi acerca do Monarca de Israel, acerca de quem Davi lhes ensinaria que ele era apenas uma sombra; e com a oração: "Salva-nos, Senhor! Ouça-nos o Rei quando clamarmos" (v.9 ARC) soando como um longo sopro de trombeta que ressoa pelo dever, eles se arremessam à vitória!

---

[4] Literalmente "fazem menção" ou "celebram".

CAPÍTULO 12

As lágrimas do penitente

A adversidade havia ensinado o domínio próprio a Davi, fortalecera sua alma e o levara a agarrar-se firmemente à mão de Deus. E a prosperidade parecera, durante aproximadamente 20 anos, apenas aperfeiçoar as lições. A gratidão seguira a libertação, e o brilho do sol, após a chuva, revelara a fragrância da devoção e florescera em alegres canções. Um bom homem, principalmente um homem da idade de Davi, na data de seu grande crime, raramente cai tão baixo, a menos que tenha havido previamente, talvez de modo inconsciente, um relaxamento dos lombos antes cingidos e uma negligência quanto ao pavio não aparado da lâmpada. A natureza sensível do salmista não era, na verdade, improvável de ceder a tal repentina força da tentação que o venceu, mas dificilmente podemos conceber que ela o teria feito sem uma prévia decadência da vida religiosa, provavelmente oculta a ele mesmo. E a fonte de tal decadência poderia ser talvez encontrada na autoindulgência, promovida pela comodidade e por longos anos de governo. A queda em pecado, em si, parece ter começado pela indolente abdicação de suas funções como capitão de Israel. Possivelmente não é sem amarga ênfase que a narrativa a introduz ao dizer-nos: "...no tempo em que os reis costumam sair para a guerra..." (2SM 11:1), Davi contentou-se em enviar suas tropas contra Amom e "ficou em Jerusalém".

Em todos os eventos, a história nos traz a um forte contraste entre o grande agrupamento acampado em Rabá e o seu líder natural — que anteriormente sempre estivera tão pronto a assumir sua porção de golpes e privações — flauteando, tirando sua calma soneca nas horas quentes da tarde, como se não houvesse soldados seus sufocando dentro de suas armaduras, e levantando-se da cama para dar uma volta no terraço de seu palácio, espiando a privacidade das casas ao redor, como se seu coração não se interessasse pela sombria batalha que ocorria por detrás das montanhas, que ele quase poderia vislumbrar da altura de onde estava, à medida em que elas ficavam púrpuras pelo crepúsculo do fim da tarde. Ele decaíra ao nível de um déspota do Oriente e perdera o senso de responsabilidade de seu ofício. Tal afrouxamento na tensão de sua natureza moral, como é indicado por ele estar ausente do campo de guerra, durante o que era, evidentemente, uma luta muito severa bem como prolongada, preparara o caminho para o lúgubre mergulho de cabeça no pecado.

A história é contada em toda a sua hediondez, sem paliativos ou reservas, sem comentários ou exageros, naquele formato judicial soturno tão característico dos registros bíblicos de célebres personagens. Cada passo é narrado sem um traço de atenuação e sem qualquer palavra de emoção. Nem sequer um infame detalhe é poupado. O retrato é tão vívido quanto sempre. A cumplicidade voluntária de Bate-Seba, sua meticulosa observância do decoro cerimonial, enquanto ela pisoteava suas mais sagradas obrigações; a necessidade fatal que arrasta um pecado após o outro, e exige o assassinato para esconder, se possível, a imunda forma de adultério; a repreensão contundente na conduta de Urias que, mesmo sendo hitita, teve uma atitude mais cavalheiresca, para não dizer mais devota, do que a do rei, ao evitar o conforto pessoal enquanto seus companheiros e a arca estivessem no campo; a perversa traição, a degradação implícita em interferir no comando de Joabe; a naturalidade cínica da carta assassina, na qual a consciência endurecida cita seu propósito maligno por seu verdadeiro nome; a desdenhosa medida, que Joabe vê na mensagem de seu líder, a indiferença do rei pela perda de seus guerreiros desde que Urias fique fora do caminho; a solene trivialidade com a qual Davi finge consolar aquele que fora seu instrumento para a supervisão de suas tropas; e a horrível rapidez com a qual, depois de seu escrupuloso "pranto" por uma semana, Bate-Seba se lançou novamente aos braços de Davi. Todos esses detalhes, e cada agravante em particular, destacam-se para sempre na luz clara, insensível e inconfundível dos registros divinos, da mesma forma como todos os mais ocultos males dos homens serão expostos um dia. Que história essa!

Esse santo, de quase 50 anos, ligado a Deus por laços que, de modo arrebatador, ele sentia e reconhecia, cujas palavras têm sido o fôlego de devoção de todos os corações consagrados, esquece seu anelo pela retidão, lança fora as alegrias da comunhão divina, traz trevas à sua alma, dá um fim em sua prosperidade, traz sobre sua cabeça uma avalanche de calamidades pelo restante de sua vida e torna seu nome e sua religião um alvo para o sarcasmo incisivo de cada geração de escarnecedores. "Todo o conjunto desses cercados"[1], que as misericórdias divinas e seu próprio passado ergueram, "varre apenas um ardiloso pecado". Todas as obrigações de suas funções, bem como cada graça de seu caráter, foram pisoteadas pela fera selvagem que se levantou em seu peito. Como homem, como rei, como soldado, ele deixa a desejar. A luxúria e a traição, a astúcia e o assassinato, são companhias excessivas àquele que disse: "Quero, com sabedoria, refletir no caminho da perfeição. Quando virás ao meu encontro? Em minha casa, andarei com sinceridade de coração" (SL 101:2). Por que deveríamos nos deter nessa lamentável história? Porque ela nos ensina, como nenhuma outra página na história da Igreja do Senhor o faz, como a alquimia do amor divino pode extrair os perfumes da penitência e do louvor a partir de um pecado imundo. Assim, embora nos afastemos com desprezo do pecado de Davi, temos de bendizer a Deus por tê-lo registrado e pelas lições de esperança que advêm do perdão concedido a Davi.

Desde então, para muitas almas torturadas pelo pecado, os *Salmos 51* e *32*, ambos marcados pelas lágrimas e nos quais ele pranteou sua penitência, têm sido como pegadas em um extenso e terrível deserto. Esses salmos são muito conhecidos

---

[1] N.T.: Extrato do poema *Sin* (Pecado), de George Herbert (1593–1633, poeta e clérigo).

para que precisem de muitas palavras aqui (e muito sagrados para suportá-las), mas podemos brevemente expor alguns pontos ligados a eles — especialmente aqueles que nos auxiliam a formar alguma imagem do estado mental do salmista após sua transgressão. Pode-se observar que, dentre esses dois salmos, o 51 é evidentemente anterior ao 32. No primeiro, vemos o homem caído lutando de dentro de um "poço de perdição, de um atoleiro de lama" (SL 40:2); no último, ele está sobre a rocha, e há uma nova canção em seus lábios, até mesmo a bênção daquele "cujo pecado é coberto" (SL 32:1). Parece que ambos, igualmente, devem ser datados após uma aguda estocada da lanceta de Deus, que Natã dirigiu à consciência de Davi, e do bálsamo curador da garantia do perdão divino, que Natã trouxe sobre o coração dele. Os clamores veementes do salmo são eco da promessa divina — o esforço de sua fé para agarrar e segurar o misericordioso dom da graça. A consciência de poder ser perdoado é a base da oração por perdão.

Cerca de um ano se passara entre o crime e a mensagem de Natã. E o salmo nos conta que tipo de ano fora aquele. A vulgar satisfação de seu pecado não mais podia alegrá-lo, como teriam feito a um homem de dignidade inferior. Ninguém compra um pequeno e efêmero prazer no mal à custa de algo tão caro, ou o mantém por tão curto tempo, quanto um homem bom. Ele não pode se igualar aos demais. "O que vocês têm em mente jamais acontecerá, ou seja, isso de dizer: 'Seremos como as nações, como os povos de outras terras, adorando as árvores e as pedras'" (EZ 20:32). Os antigos hábitos logo voltam a reafirmar seu poder, a consciência rapidamente levanta sua voz solene; e, enquanto os piores homens desfrutam as suculentas carnes da mesa do pecado, o servo de Deus, que por um momento fora seduzido a preferi-las ao sutil pão do Céu, já lhes sente o sabor amargo na boca. Ele pode estar distante do verdadeiro arrependimento, mas logo conhecerá o remorso. Podem se passar meses antes de poder sentir novamente as calmas alegrias oriundas de Deus, mas o desgosto consigo mesmo e com seu pecado rapidamente encherá a sua alma.

Jamais foi esboçado um quadro mais vívido de tal condição do que esse que se encontra nos salmos desse período. Eles falam do taciturno "silêncio"; a poeira se acumulara sobre as cordas de sua harpa, bem como em seu capacete e espada. Davi não falará com Deus a respeito de seu pecado, e não há nada mais que ele possa dizer. Fala-se de seus "constantes gemidos" (SL 32:3) — o lamento de angústia de seu espírito ainda não apaziguado. Dia e noite, o peso da mão de Deus o pressionava; a ciência desse poder, cuja gentileza, tempos atrás, o segurara, agora o esmagava, mas não o destruía. Como ferro aquecido, o peso dela o queimava e o feria, e toda a sua umidade — todo o orvalho e o frescor de sua vida — secou sob esse toque incandescente e se tornou poeirenta, árida e rachada, que fende a terra endurecida, encolhe os riachos e queima, até virar pó marrom, a tenra vegetação (veja o versículo 4). O corpo e a mente pareciam ambos estar incluídos nessa assombrosa descrição, na qual a tolice obstinada, a tortura constante, o pavor diante de Deus e nenhuma gota suavizadora de penitência sequer preenchiam o coração ressequido e empoeirado dele; enquanto isso, os ossos envelhecidos (veja o versículo 3) — ou, como a palavra pode ser traduzida, "apodrecendo" —, as noites de insônia e talvez o calor ardente da enfermidade são indicados como sendo os acompanhamentos da agonia em sua alma. É possível que alusões semelhantes à enfermidade física, de fato, possam ser encontradas em outro salmo, provavelmente se referindo ao mesmo período, e apresentando um surpreendente paralelismo de expressão: "Tem compaixão de mim, Senhor, porque eu me sinto debilitado; sara-me, Senhor, porque os meus ossos estão abalados. Também a minha alma está profundamente perturbada [...]. Estou cansado de tanto gemer; todas as noites faço nadar o meu leito, de minhas lágrimas o alago" (SL 6:2-3,6). Uma frase parecida também no Salmo 51 pode ter uma aplicação semelhante: "os ossos que esmagaste" (v.8). Dessa forma, enfermo no corpo e na alma, Davi se arrastou por um ano exaustivo — envergonhado de seu flerte culposo, miserável em suas autoacusações, temeroso quanto a Deus e escondendo-se nos recessos de seu palácio da vista de seu povo. Ele vendera sua integridade por um preço alto. O pão fora doce por um momento, mas quão rapidamente sua boca "se [encheu] de areia" (PV 20:17). Davi aprendera o que todos aprendemos (e quanto mais santo o homem, mais rápida e penetrantemente a lição seguirá no encalço de seu pecado): que toda transgressão é um tropeço, que jamais obtemos a satisfação que esperamos de qualquer pecado, ou, se a recebermos, adquiriremos com ela algo que perverte todo o restante. Uma droga nauseante é acrescentada à excitante e intoxicante bebida que a tentação oferece e, embora seu sabor seja, inicialmente, disfarçado pelo aprazível sabor do pecado, seu amargor é persistente, ainda que lento, e se apega ao paladar por muito tempo antes de se diluir completamente.

A essa vida lúgubre, vem a mensagem de Natã, acompanhada de uma reprimenda misericordiosa. A imediata severidade do julgamento de Davi contra o pecador egoísta da inimitável alegoria pode ser uma indicação sutil de sua consciência perturbada, que busca alguma expiação para seu próprio pecado em grave repreensão do pecado alheio; pois a consciência do mal pode, algumas vezes, aguilhoar em dureza, bem como ser amolecida em leniência, e o pecador ser um juiz mais austero do que o justo Deus. A resposta de Natã é um exemplo perfeito do método divino de convencer alguém do pecado. Há, primeiramente, a acusação direta pressionando a consciência individual: "Esse homem é você" (2SM 12:7). Após isso, segue-se não uma repreensão ou um aprofundamento da escuridão oriunda do ato, mas uma terna enumeração dos grandes benefícios divinos, sobre os quais é construída a solene pergunta: "Por que, então, você desprezou a palavra do Senhor, fazendo o que era mau aos olhos dele?" (v.9). A contemplação do fiel amor de Deus, e de todos os suficientes dons que Ele concede, torna cada transgressão irracional, bem como ingrata, e torna o remorso, que consome como os quentes ventos do deserto, em choroso arrependimento que refresca a alma. Quando Deus é contemplado como amor e abençoador, antes de Ele ordenar e exigir qualquer coisa, é proveitoso que se mantenha a imagem do mal do homem em toda a sua feiura bem diante dos olhos; desse modo, os fatos nus e crus são repetidos a seguir em menos e mais veementes palavras.

Tampouco a mensagem pode ser encerrada até que a rígida lei da retribuição seja proclamada, cuja lenta operação projetará a amargura e a vergonha por toda a sua vida. "Então Davi disse a Natã: 'Pequei contra o Senhor'" (2SM 12:13). Duas palavras, no hebraico, fazem a transição da amarga melancolia para a verdadeira, embora triste, paz. Não há qualquer efusão aumentada ou qualquer acúmulo de autorreprovação; Davi está tocado profundamente demais para produzir as muitas palavras que ele sabe que Deus não precisa. Mais teria sido menos. Tudo fica contido em apenas um soluço, no qual todo o gelo desses exaustivos meses se quebra e rola, varrido pela forte correnteza. Tão breve e simples quanto a confissão é a resposta: "E Natã respondeu: 'Também o Senhor perdoou o seu pecado'" (v.13). Como são completas e incondicionais as bênçãos concedidas nessas poucas palavras; quão veloz e suficiente foi a resposta! Desse modo, a longa alienação é finda. Assim, é simples e divina a maneira do perdão. Em tal breve compasso, pode estar o ponto de virada de uma vida! Contudo, embora a confissão e o perdão reparem a ruptura entre Deus e Davi, o perdão não significa impunidade, e a mesma sentença que concede a remissão do pecado anuncia a imposição de uma penalidade. Os julgamentos que ameaçavam um momento antes — um momento tão distante agora que parecia, à consciência de Davi, como se uma era tivesse transcorrido — não são removidos, e outro é acrescentado: a morte do bebê de Bate-Seba. Deus ama Seus servos demais para suportar os pecados deles, e o perdão mais gratuito e a mais feliz consciência dele pode consistir na amorosa imposição e na submissão de padecer as dores, que não são mais golpes de um juiz vingador, mas a correção de um pai gracioso.

Conforme pensamos, o *Salmo 51* deve ser concebido como tendo sido composto logo após a missão de Natã.

Parece haver ecos da austera pergunta do profeta: "Por que, então, você desprezou a palavra do Senhor, fazendo o que era mau aos olhos dele?" (2SM 12:9), e da confissão "Pequei contra o Senhor" (v.13) nas palavras: "Pequei contra ti, contra ti somente, e fiz o que é mau aos teus olhos" (SL 51:4), embora, talvez, a expressão não seja tão peculiar para que tomemos a alusão como certa. Entretanto, seja como for, a penitência e as orações do salmo dificilmente podem ser supostas como precedentes à data da narrativa histórica, o que evidentemente implica que a repreensão do profeta foi a primeira coisa que interrompeu a silenciosa angústia do pecado sem arrependimento.

Embora o salmo seja um longo clamor por perdão e restauração, pode-se discernir e ordenar um progresso em suas petições — a ordem, não de uma reprodução artificial de uma disposição mental passada, mas uma ordem instintiva na qual a emoção do anseio contrito sempre se derramará. No salmo, tudo começa (como tudo sempre começa, de fato) com o fundamento no clamor pelo favor divino: "tua benignidade", "a multidão das tuas misericórdias", a única súplica que vale para Deus, Aquele cujo amor é o motivo da súplica e sua própria medida, cujos feitos passados são o padrão para todo o seu futuro, cujas inumeráveis compaixões são mais do que a soma de nossas transgressões, embora essas sejam "mais numerosas do que os cabelos de [nossa] cabeça" (SL 40:12). Começando com a misericórdia divina, a alma penitente pode aprender a olhar, a seguir, para seu próprio pecado em todos os aspectos de sua maldade. A profundidade e a intensidade da aversão do salmista por si próprio é maravilhosamente expressa em suas palavras quanto a seu crime. Ele fala de suas "transgressões" e de seu "pecado".

Vendo-os a partir de certo ângulo, ele enxerga os atos separados dos quais fora culpado: luxúria, fraude, traição, assassinato; vendo-os por outro ângulo, percebe-os todos amarrados um ao outro, em um emaranhado inextricável de línguas bifurcadas e sibilantes, como serpentes, em vez de cabelo, que se enrolam e se contorcem ao redor da cabeça de uma Górgone[2]. Nenhum pecado fica sozinho; os atos separados têm uma raiz comum, e o todo é entrelaçado, como as algas de um reservatório estagnado, de forma que, por qualquer filamento que ele seja puxado, todo o conjunto será trazido em sua direção. E uma percepção profunda da essência e caráter do pecado está no acúmulo de sinônimos. É "transgressão", ou, como o termo poderia ser traduzido, "rebelião" — não a mera quebra de uma lei impessoal, não meramente uma infração da "constituição de nossa natureza"[3] —, mas o levantar-se de uma vontade do indivíduo contra seu verdadeiro Rei, a desobediência a uma pessoa bem como uma contravenção de um padrão. É "iniquidade" — perversão ou distorção — uma palavra que expressa a mesma metáfora que é encontrada em muitos idiomas, isto é, a deformidade como descritiva das obras que se afastam da perfeita linha de retidão. É "pecado", ou seja, "errar o alvo", em cuja palavra profunda está contida a verdade de que todo pecado é um

---

[2] N.E.: Cada uma das três irmãs (Esteno, Euríale e Medusa), com serpentes no lugar de cabelos, cujo olhar petrificava todos aqueles que as encaravam (*Dicionário eletrônico Houaiss*, 2009).

[3] N.T.: Possível menção a Thomas Reid (1710–1796), filósofo escocês, em suas formulações e críticas a David Hume.

disparate, é atirar para muito longe do verdadeiro objetivo, se considerarmos o propósito de existirmos, e não menos distante, se considerarmos a nossa felicidade. O pecado sempre erra o alvo; e este epitáfio poderia ser escrito acerca de cada pecador que busca o prazer à custa da retidão: "Um tolo".

Não menos transbordante de significado é o reconhecimento enfático do salmista: "Pequei contra ti, contra ti somente" (SL 51:4). Ele não se contenta em observar seu mal, em si, ou com relação apenas às pessoas que sofreram por causa dele; Davi pensa nele em relação a Deus. Ele era culpado de crimes contra Bate-Seba e Urias, e até contra o rude soldado o qual tornara seu instrumento, bem como contra todos os seus súditos; mas, por mais que esses pecados fossem sombrios, eles assumiram seu verdadeiro caráter apenas quando discernidos como praticados contra Deus. "Pecado", em seu sentido completo, implica "Deus" como seu correlativo. Transgredimos uns contra os outros, mas pecamos contra Deus.

O salmista não para por aqui. Ele reconhecera a emaranhada multiplicidade e a terrível unidade de seu mal, vira seu caráter mais íntimo, aprendera a trazer sua obra à conexão com Deus; o que mais restava a ser confessado? Ele lamenta, não como atenuação (apesar de ser uma explicação), mas como um agravante, a natureza pecaminosa na qual nascera. As obras vieram de uma fonte — uma nascente amarga de onde brotava tal treva. Ele mesmo era mau, portanto, praticara o mal. O pecado é de Davi, e ele não contestará sua completa responsabilidade; as características nefastas deste pecado declaram a depravação interior de onde ele fluíra — e essa impureza era ele mesmo, Davi. Assim sendo, ele acha que deve ser menos culpado? De modo algum. Seu reconhecimento de uma natureza má é sua confissão mais profunda e não leva à atenuação de sua culpa, mas a um clamor ao Único que pode curar a ferida interior; e, da mesma forma como Ele pode purificar as transgressões, pode estancar a sua fonte e levar o salmista a sentir interiormente que "estava [curado] daquele mal" (MC 5:29).

A mesma intensidade de sentimentos expressa pelo uso de tantos termos para pecado é revelada também nos reiterados sinônimos para perdão. A oração vem de seus lábios repetidamente, não porque ele acha que será ouvido pelo muito falar, mas por causa da seriedade de seu anelo. Tais repetições são sinais de persistência na fé, enquanto outras, embora durem como as súplicas dos sacerdotes de Baal, desde o meio-dia até a hora do sacrifício da tarde (veja 1 REIS 18:29), indicam apenas a dúvida do suplicante. Davi ora para que seus pecados sejam apagados (veja SALMO 51:9), em cuja petição eles são concebidos como registrados contra ele nos arquivos do Céu; que ele possa ser lavado deles, no qual há a concepção desses pecados como manchas imundas sobre ele mesmo, sendo necessário, para a sua remoção, uma veemente esfregação e batidas (pois tal é, de acordo como alguns comentaristas, a força da palavra); que ele possa ser "purificado" — o termo técnico para a purificação sacerdotal da lepra e a declaração de que ele está limpo da mancha. Com semelhante recorrência aos símbolos mosaicos, ele também suplica: "Purifica-me com o hissopo e ficarei limpo" (v.7). Há uma comovente apropriação na petição, pois não apenas os leprosos, mas aqueles que haviam se tornado contaminados pelo contato com um cadáver, eram assim purificados; e quanto àqueles cuja mancha da corrupção se apegara, tal qual ocorrera com o assassino de Urias? Igualmente, a prece é ainda mais admirável no original, no qual emprega um verbo formado pela palavra *peccare* (pecar); "e, se essa fosse uma palavra existente em nosso idioma, poderia ser traduzida como 'Tu me *despecarás*'"[4].

Em meio a essas humildes confissões e clamores por perdão, vem, com maravilhosa força e beleza, a ousada oração pela restauração ao "júbilo e alegria" (v.8) — uma indicação certeira, mais do que uma confiança comum na plena misericórdia de Deus, visto que obliteraria todas as consequências de seu pecado.

Em seguida, há petições pela santificação, reiteradas e sob muitos ângulos, como aquelas que as precederam. Três pares de cláusulas contêm essas petições, em cada uma delas, a segunda parte da cláusula pede pela infusão de alguma graça de Deus no espírito do salmista: que ele tenha "um espírito inabalável" (v.10), o "Santo Espírito" (v.11), "um espírito voluntário" (v.12). Possivelmente não seja acidental que a petição central entre as três seja aquela que expressa mais claramente o pensamento implícito em todas: que o espírito humano pode ser renovado e santificado somente pela entrada do Ser divino nele. Não devemos cometer o mesmo anacronismo teológico que tem sido aplicado com um terrível efeito sobre todo o Antigo Testamento e supor que Davi queria dizer, como aquela cláusula central em sua súplica por renovação, tudo o que ela significa para nós. Todavia ele quis dizer, no mínimo, que sua natureza espiritual não

---

[4] Sermões de John Donne (1572–1631), citados por Stewart Perowne, em *The book of Psalms* (George Bell & Sons, 1880).

poderia ser levada a amar a retidão e a odiar a iniquidade por nenhum outro poder a não ser pelo sopro de Deus sobre ela. Se pudermos nos arriscar a considerar essa como o âmago da série, as outras duas, que a ladeiam, poderiam ser consideradas como suas consequências. Será então um "espírito reto" (v.10 ARC), ou "um espírito inabalável", forte para resistir, não varrido pelos surtos de paixão, nem abalado pelos terrores do remorso, mas calmo, perseverante e decidido, determinado na vereda da santidade e impassível com a fixidez daqueles que são arraigados em Deus e na bondade. Será um "espírito voluntário" ou livre, apto para todo o serviço jubiloso de gratidão, tão entranhado com o amor de seu Deus que se alegrará em cumprir a Sua vontade, e levará a lei gravada nos impulsos espontâneos de sua natureza renovada.

O salmista manifesta um profundo significado, ele parece recorrer, em sua hora de penitência, ao trágico destino de seu predecessor na monarquia, a quem, assim como ao próprio Davi, fora dada a mesma unção, o mesmo dom do "Espírito de Deus". Lembrando-se de como o crisma sagrado havia desvanecido dos negros cabelos de Saul muito antes que sua cabeça ensanguentada fosse levada à terra dos filisteus para saciar a vingança deles (veja 1 SAMUEL 31:9); e sabendo que, se Deus fosse rígido ao observar a iniquidade (veja SALMO 130:3), o dom que fora afastado de Saul também não continuaria nele. Davi ora, não apenas como o monarca ungido, mas como um homem pecador: "...nem me retires o teu Santo Espírito" (SL 51:11). Assim como anteriormente ele se aventurara a pedir pela alegria do perdão, agora ele implora, uma vez mais: "Restitui-me alegria da tua salvação" (v.12), obtida por meio da purificação, da comunhão consciente, que ele sentira por tanto tempo e tão profundamente, e que durante muitos meses estivera escondida dele pelas brumas de seu próprio pecado. A vivacidade natural do salmista, a alegria que era uma parte inseparável de sua religião e fora entoada de sua harpa em muitos momentos de perigo, a ousada amplitude de seus desejos, alicerçadas na evidente amplitude de sua fé no perfeito perdão de Deus, são todas expressas nessa oração, partindo de tais lábios nesse momento, e podem bem ser assunto para nossa reflexão e imitada por nós.

A humilde oração que temos seguido se ergue, antes de seu final, a um voto de louvor renovado. É muito belo notar a natureza do poeta, bem como a consciência de uma função divina, unidas na solução que coroa o salmo. Para Davi, nenhum tributo que pudesse trazer a Deus parecia tão pouco desprezível — nenhum era, para ele, tão alegre — quanto a música de sua harpa, e a melodia de suas canções; tampouco nenhuma parte de seu ofício real era tão sublime em sua estima quanto sua convocação para proclamar, em palavras cintilantes, o nome do Senhor, para que os homens pudessem aprender a amá-lo. Suas primeiras canções do exílio encerravam-se com voto semelhante. Estes foram adequadamente cumpridos ao longo de muitos anos; porém, os últimos dolorosos meses haviam silenciado todo o seu louvor. Agora, à medida que a esperança começa a raiar sobre ele mais uma vez, o congelamento que interrompera o fluxo de sua devoção está derretendo; e, à medida que ele se lembra de suas antigas canções jubilosas, e desse horrível silêncio, sua oração final é "Abre, Senhor, os meus lábios, e a minha boca manifestará o teu louvor" (v.15).

A mesma consciência de pecado que encontramos em um versículo anterior discernindo o verdadeiro significado da purificação cerimonial leva, igualmente, ao reconhecimento da insuficiência de sacrifícios exteriores — um pensamento que não é, como argumentariam fracamente alguns críticos modernos, o produto da última era do judaísmo, mas aparece ocasionalmente por toda a história e indica não a data, mas a elevação espiritual de quem o formula. Davi o estabelece no ápice de seu salmo, para brilhar ali como uma pedra de alto valor. A rica joia, que ele trouxera do abismo da degradação, é aquela verdade que irradiou por ter sido estabelecida ali por mais de três milênios: "Sacrifício agradável a Deus é o espírito quebrantado; coração quebrantado e contrito, não o desprezarás, ó Deus" (v.17).

As palavras a seguir, contendo uma súplica pela edificação de Sião e uma predição da contínua oferta de sacrifício, apresentam certa dificuldade. Elas não necessariamente pressupõem que Jerusalém esteja em ruínas; pois "edifica as muralhas" (v.18) não seria uma petição menos apropriada se as fortificações estivessem inacabadas (como sabemos que elas estavam no tempo de Davi) do que se tivessem sido derrubadas. Tampouco as palavras contradizem a visão do sacrifício recém-ofertado, pois o uso do símbolo e a convicção de sua ineficiência coexistiam, de fato, em cada vida consagrada, e podiam muito bem serem expressas lado a lado. Contudo, a transição de emoções tão intensamente pessoais à intercessão por Sião parece quase repentina demais até para uma natureza tão ampla e calorosa como a de Davi. Considerando que os versículos de encerramento são de sua autoria, podemos, na verdade, ver neles o rei despertando novamente para o senso de suas responsabilidades, que ele negligenciara por tanto tempo, primeiramente no egoísmo de seu coração e, depois, na mórbida autoabsorção de seu remorso. Eles podem ser uma preciosa lição de que o primeiro pensamento de um homem perdoado seria em favor dos outros.

Por outro lado, há muito mais para ser dito em favor da conjectura de que esses versículos sejam um acréscimo posterior, provavelmente depois do retorno do cativeiro, quando as muralhas de Sião estavam em ruínas e o altar do Templo há muito esfriara. Se for assim, então nosso salmo, conforme veio de todo o coração de Davi, seria todo ele uma peça só — uma grande torrente de penitência e fé, começando com "Compadece-te de mim, ó Deus" (SL 51:1), e terminando com a certeza da aceitação e assim permanecendo, por todos os tempos, como o mapa do caminho espinhoso, e ainda assim bendito, que conduz da morte à vida. Nesse aspecto, aquilo que ele não contém é tão digno de nota quanto o que possui. Nenhuma palavra pede isenção das penalidades à sua grande queda, aquelas que são infligidas pelo amoroso Pai sobre a alma que vive em Seu amor. Ele clama por perdão, mas oferece suas costas para os algozes que aprouver a Deus enviar.

O outro salmo do penitente, o *Salmo 32*, já foi mencionado em ligação com os materiais autobiográficos que ele contém. Ele é, evidentemente, de um período mais tardio do que o Salmo 51. Não há lutas nele; a oração já foi ouvida e esse é o começo do cumprimento do voto de exibir louvor a Deus. No anterior, ele disse: "Então ensinarei aos transgressores os teus caminhos..." (51:13); neste, ele afirma: "Eu o instruirei e lhe ensinarei o caminho que você deve seguir..." (32:8). Lá, ele começou com um lamurioso clamor por misericórdia; aqui, com uma explosão de louvor celebrando a alegria do penitente perdoado. Lá, ouvimos os soluços de um homem na agonia da humilhação; aqui, temos a história de sua abençoada provisão. No Salmo 51, tínhamos múltiplos sinônimos para pecado e para o perdão que era desejado; no *Salmo 32*, há a multiforme preciosidade do perdão obtido, que corre em variadas, ainda que equivalentes, expressões. Lá, o ponto mais alto ao qual ele podia galgar era a certeza de que o coração ferido era aceito e de que os ossos quebrados ainda podiam se alegrar. Aqui, a primeira palavra é de bem-aventurança, e o encerramento convoca os justos a uma exuberante alegria. O primeiro é um salmo de lamento; o segundo, usando suas próprias palavras, "cantos de livramento" (32:7).

A ditosa compreensão de que ele mesmo era o homem bem-aventurado, a quem descreve, ressoa nas melodiosas variações do pensamento acerca do perdão nas palavras de abertura! Quão agradecidamente ele delineia os tesouros dessa recente experiência, enquanto a estabelece como sendo o perdão do pecado (veja Salmo 32) como se fosse a remoção de algo sólido, ou o erguer de um fardo de suas costas; visto que seu "pecado é coberto" (v.1), como se fosse o empacotamento de sua feiura em folhas espessas que a escondem para sempre até mesmo do Olho que tudo vê; e "não atribui [a ele] iniquidade" (v.2), como se fosse a dispensa de um débito! Como é vívida a memória das tristezas passadas no horrendo retrato de seu eu impenitente já mencionado — sobre o qual a mente se atém em silêncio, ao passo que o acompanhamento musical (como dirigido pelo "Selá") toca um lamurioso acorde menor ou permite uma dissonante! Como são nobres e eloquentes as breves palavras (eco da narrativa histórica) que fala do pleno e rápido perdão que seguiu à simples confissão — e quão efetivamente a música entra novamente em cena, prolongando o pensamento e regozijando-se no perdão! Como ele tem certeza de que sua experiência é de inestimável valor ao mundo em todo o tempo quando vê em sua absolvição um motivo que atrairá todos os piedosos para mais perto de seu Auxiliador no Céu! Como o seu coração está pleno de louvor, de modo que ele não pode evitar voltar à sua própria história e regozijar-se em Deus, seu esconderijo, cujo maravilhoso amor passado lhe dá segurança de que, no futuro, as canções de livramento o envolverão e todo o seu caminho será envolto em música de louvor.

Assim termina a parte mais pessoal do salmo. Uma porção mais didática vem a seguir, a generalização disso. Possivelmente a voz que agora fala é mais excelsa do que a de Davi. "Eu o instruirei e lhe ensinarei o caminho que você deve seguir; e, sob as minhas vistas, lhe darei conselho" (SL 32:8) dificilmente soa como palavras para serem entendidas como pronunciadas por Davi. Elas são a promessa do Céu de um ensino gentil ao homem perdoado, que não o instruirá por meio da severidade, mas na escola da paciência; que o dirigirá não por rígida autoridade, mas debaixo daquele amoroso olhar que é suficiente para aqueles que amam e é sutil e afável demais para ser percebido por qualquer outra pessoa. Tal graciosa direção não é apenas para o salmista, mas demanda um espírito em harmonia com Deus para ser compreendida. Para os outros pode não haver nada mais elevado do que a mera força, a disciplina do pesar, a rédea cortante na boca, o açoite para o rígido lombo. A escolha para todo homem é entre a penitência e o perdão, para que possa se erguer à verdadeira posição dos homens, capazes de receber e obedecer a uma orientação espiritual que apela ao coração e gentilmente subjuga a vontade, ou a teimosa impenitência, que o faz decair ao nível dos embrutecidos, aqueles que apenas podem ser detidos por meio de um cabresto ou conduzidos pelo chicote. E, por serem essas as alternativas, muitos "são os sofrimentos do ímpio, mas o que confia no SENHOR, a misericórdia o cercará" (v.10).

Então, o salmo termina com uma grande exclamação de júbilo, reiterada três vezes, como a voz de um arauto em algum dia festivo de uma nação: "Alegrem-se no SENHOR e regozijem-se, ó justos; exultem, todos vocês que são retos de coração" (v.11).

Assim se encerra o soluçar do penitente.

CAPÍTULO 13

Os castigos

Os castigos, que foram os frutos naturais do pecado de Davi, logo começaram a surgir, embora, aparentemente, pelo menos 10 anos tenham se passado antes da revolta de Absalão, quando Davi teria, provavelmente, 60 anos. Todavia, esses 10 anos foram muito desgastantes e tristes. Não havia mais alegres atividades, nem mais energia de conquistas, tampouco consciência do amor de seu povo. Os desastres se aglomeraram ao redor dele, e todos podem ser rastreados até seu grande pecado. Seus filhos aprenderam a lição ensinada, e a luxúria e o fratricídio desolaram a família. Não há aflição maior para pais do que a visão de seus próprios pecados reaparecendo em seus filhos. Davi viu o reflexo sinistro de sua paixão desenfreada na violação criminosa praticada por seu filho mais velho (e até um reflexo dela em sua infeliz filha), e de sua astúcia assassina na vingança sanguinária perpetrada por seu segundo filho.

Enquanto todo esse inferno de crimes estava fervilhando ao seu redor, uma estranha passividade parece ter rastejado para cima do rei e lá permanecido até sua fuga de Absalão.

A narrativa é, de modo muito singular, silenciosa sobre ele. Davi parecia paralisado pela consciência de seu pecado passado; ele não origina nada. Não ousa punir Amnom; apenas consegue prantear quando ouve sobre o crime de Absalão. Deseja debilmente trazer o último de volta de seu exílio, mas não se anima a convocá-lo até que Joabe o pressione. Um reflexo de sua antiga realeza brilha, por um momento, em sua recusa em ver seu filho; porém mesmo essa ligeira satisfação à justiça some tão logo Joabe escolhe insistir que Absalão deveria retornar à corte. Parece que Davi não tem vontade própria. Tornou-se um mero instrumento nas mãos de seu impetuoso general — e o poder que Joabe tinha sobre ele era sua cumplicidade no assassinato de Urias. Assim, a cada passo, ele era oprimido pelas consequências de seu crime, ainda que fosse um pecado perdoado. E se Aitofel era o avô de Bate-Seba, como é provável, o formidável personagem na conspiração de Absalão, cuja deserção ferira Davi profundamente, foi, sem dúvida, levado a ir para o lado do usurpador motivado por vingança pelo insulto à sua família na pessoa dela. Desse modo "de nossos vícios aprazíveis, os céus fazem chicotes para açoitar-nos"[1]. "Não se enganem: de Deus não se zomba. Pois aquilo que a pessoa semear, isso também colherá" (GL 6:7).

---

[1] N.T.: Tradução livre do trecho citado de *Rei Lear*, peça teatral de William Shakespeare (1564–1616).

Não é provável que muitos salmos tenham sido compostos naqueles melancólicos dias. Entretanto, os Salmos 41 e 55 são, com razoável probabilidade, referidos a esse período por muitos comentaristas. Eles trazem uma imagem muito tocante do rei, já idoso, durante os quatro anos nos quais a conspiração de Absalão estava sendo incubada. Aparentemente, conforme o *Salmo 41*, a dor e a tristeza do coração de Davi haviam lhe causado algumas doenças sérias, que seus inimigos usaram para seus próprios propósitos, e que ficaram ainda mais amargas pelas condolências hipócritas e pela alegria mal disfarçada. A natureza sensível do salmista estremece sob a desalmada deserção dos seus aliados e derrama suas queixas nesse tocante lamento. Ele começa com uma bem-aventurança sobre quem "ajuda os necessitados" (v.1) — tendo se referido, talvez, aos poucos que lhe foram fiéis em sua enfermidade debilitante. Então, passa a seu próprio caso e, depois de humildemente confessar seu pecado — quase nas mesmas palavras do Salmo 51 —, ele fala como seu leito de enfermidade estava cercado pelos mais variados visitantes. A sua doença não atraía compaixão, mas apenas feroz impaciência por ele permanecer vivo por tanto tempo. "Os meus inimigos falam mal de mim: 'Quando é que ele vai morrer e ser esquecido?'" (SL 41:5). Um deles, em especial, que devia ser uma pessoa em alta posição para ter acesso à sua câmara de enfermidade, era notável por suas palavras mentirosas de condolência: "Se algum deles vem me visitar, diz coisas vãs..." (v.6).

A visão do rei adoentado não tocava qualquer acorde de afeição, mas somente aumentava a animosidade do traidor — "amontoando maldades no coração" (v.6) — e, então, depois de ver sua face empalidecida alimentando desejos de sintomas desfavoráveis, o falso amigo se apressa a deixar o lado do leito para comentar sobre a doença irremediável — "ao sair, é disso que fala" (v.6). As notícias se espalham e são furtivamente passadas de um conspirador a outro. "Todos os que me odeiam se reúnem e ficam cochichando..." (v.7). Eles exageravam a gravidade de sua condição e se alegravam porque, fazendo do desejo o genitor do pensamento, criam que Davi estava morrendo. "'Foi uma peste [no hebraico, "uma coisa de Belial", isto é, uma doença destruidora] que deu nele'; e: 'Caiu de cama, e não vai se levantar mais'" (v.8). E o mais agudo de todos os sofrimentos era que, entre esses traidores, e provavelmente a mesma pessoa cuja cruel presença no leito de enfermidade era tão difícil de suportar, devia ser Aitofel, cujo conselho era como um oráculo de Deus (veja 2 SAMUEL 16:23). Até mesmo ele, "o meu amigo íntimo, em quem eu confiava, que comia do meu pão" — como uma mula ignóbil e perversa — "levantou [...] o seu calcanhar" (SL 41:9) contra o adoentado leão.

Deveríamos nos dispor a atribuir o *Salmo 39* também a esse período. Ele, igualmente, é a meditação durante o enfrentamento de uma enfermidade, que ele sabe ser um julgamento divino por seu pecado. Há poucas menções a inimigos nele; mas sua atitude é a de silente submissão, enquanto os perversos, que o rodeiam, estão agitados — o que é precisamente a peculiaridade característica de sua conduta nesse tempo. Ele consiste de duas partes (vv.1-6,7-13), em ambas, o assunto de sua meditação é o mesmo, porém o tom nelas é diferente. Sua própria doença e mortalidade, e a efêmera e sombria vida humana são seus temas. A primeira levou-o a pensar na última. O primeiro efeito de seu pesar era cerrar seus lábios em silêncio que não era totalmente submissão. "Emudeci em silêncio, calei a respeito do bem, e a minha dor se agravou" (SL 39:2). Assim como em seu pecado, quando ele permaneceu em silêncio, seus ossos envelheceram (veja SALMO 32:3), agora, em sua angústia e enfermidade, a dor que não conseguia encontrar expressão irou-se mais violentamente. Os olhos sem lágrimas estavam quentes e doíam; mas ele dominou o espírito emudecido e conseguiu levar seus pesarosos pensamentos a Deus. Eles eram muito pesados inicialmente. Ele apenas deseja que a triste verdade seja conduzida para o mais profundo de sua alma. Com a introversão tão característica da melancolia, ele pede o que poderia ser considerado a coisa de que ele menos precisava: "SENHOR, dá-me a conhecer o meu fim" (v.4); e depois expande acerca das sombrias reflexões que ele acalentara no silêncio. Não apenas ele mesmo, com seus poucos dias que cabem na palma da mão, e se encolhem em absolutamente nada quando contrastados com a vida de Deus, mas "todo ser humano, por mais firme que esteja" (v.5) é apenas um sopro. Todo homem se move, de modo espectral, como uma sombra entre outras sombras. O tumulto que enche sua vida é loucura: "Apenas um sopro e eles se inquietam"[2]. Tão amargamente, com uma antecipação da triste e evidente piedade e do escárnio ao "Mestre", fala o adoentado e exausto rei, em tons muito diferentes da alegre música de suas primeiras afirmações.

---

[2] N.T.: Essa é a tradução alternativa que o autor apresenta do versículo 6, em que a palavra hebraica *hebel* pode ser traduzida, entre outras coisas, como vapor ou sopro.

Contudo, por mais verdadeiros e completos que sejam tais pensamentos, eles não são toda a verdade. Assim a oração se altera em tom, mesmo que seu conteúdo permaneça o mesmo. O salmista se ergue dos espetáculos da Terra ao seu verdadeiro lar, para lá dirigido pelo vazio que esses espetáculos apresentam: "Tu és a minha esperança" (v.7). A convicção da vaidade das coisas terrenas fica completamente diferente quando elas "o lançam a Teu seio"[3]. O pecador perdoado, que, portanto, jamais esquecera sua lamentável queda, pede por livramento "de todas as [suas] iniquidades" (v.8). O taciturno silêncio mudara em completa aquiescência: "Emudeço, não abro os lábios porque tu fizeste isso" (v.9) — um silêncio que se distingue do outro como calmaria após a tormenta, quando todos os ventos dormem e o sol brilha sobre um mundo refrescado, difere-se da quietude profética enquanto as lentas nuvens de trovões aumentam lúgubres no horizonte. Ele clama por cura, pois sabe que sua enfermidade é um golpe e um ataque das mãos divinas; e sua amargura é mitigada, mesmo enquanto a sua força continua, pela convicção de que é o castigo paterno de Deus pelo pecado que corrói seu vigor varonil, assim como a traça destrói seu manto real. O próprio pensamento que fora tão implacável — de que todo homem é vaidade — ressurge em uma nova conexão, como a base da oração que Deus ouviria, e é modificado de modo a se tornar infinitamente abençoado e esperançoso: "porque sou forasteiro diante de ti, peregrino como todos os meus pais o foram" (v.12). De fato, um andarilho, um hóspede transitório

---

[3] N.T.: Referência ao verso final do poema *The Pulley* (O mecanismo), de George Herbert (1593–1633).

sobre a Terra, mas o que isso importa se ele for um hóspede de Deus? Tudo o que é pesaroso é removido do pensamento quando percebemos nossa conexão com Deus. Estamos em Sua casa; é o anfitrião, não o hóspede, que é responsável pelo cuidado com a casa. Não precisamos achar a vida solitária se Ele estiver conosco, tampouco pensar que a brevidade dela é triste. Ela não é uma sombra, um sonho, um sopro, se estiver arraigada em Deus. E, desse modo, o enfermo venceu seus pensamentos sombrios, embora veja pouco diante de si, a não ser o fim; e ele não é derrubado, ainda que seus desejos sejam todo resumidos em um, para uma pequena folga e cura, antes que a breve perturbação terrena seja finda: "Desvia de mim o olhar, para que eu tome alento, antes que eu passe e deixe de existir" (v.13).

Pode-se observar que essa suposição de uma doença prolongada, na qual se baseiam esses salmos, lança luz sobre a passividade singular de Davi durante o amadurecimento da conspiração de Absalão; pode-se também, naturalmente, supor que ela favoreceu os esquemas deste, parte essencial dos quais era cair nas graças dos litigantes que vinham ao rei buscando julgamento ao fingir grande pesar por homem algum ter sido designado pelo rei para os ouvir. O acúmulo de casos não julgados e a aparentemente desorganização da máquina judicial são adequadamente explicados pela enfermidade de Davi.

O *Salmo 55* oferece alguns detalhes bastante comoventes. Ele se divide em três partes: uma oração de queixa e um retrato da aflição mental do salmista (vv.1-8); uma súplica veemente contra seus inimigos e o recontar indignado da traição deles (vv.9-16); e, finalmente, uma profecia da retribuição que recairá sobre eles (vv.17-23). Na primeira e na segunda porções, temos alguns pontos que ajudam a completar nosso quadro desse homem. Por exemplo, o seu coração "estremece" dentro dele, os "terrores de morte" caem sobre ele e o "horror" se apodera dele (vv.4-5). Tudo isso indica, como os versículos subsequentes, o seu conhecimento da conspiração antes que ela chegasse ao seu cume. O estado da cidade, que praticamente está nas mãos de Absalão e seus instrumentos, é descrito em imagens marcantes. A *violência* e os *conflitos* a dominam, há espias rondando as muralhas dia e noite, o *mal* e a *perturbação* estão em seu meio, a *destruição*, a *opressão* e o *engano* — uma grande companhia — exibem-se em espaços abertos. E o espírito e o cérebro por trás de tudo isso é seu amigo a quem ele fizera seu igual, que havia compartilhado de seus pensamentos mais secretos no privado, que havia andado perto dele em solenes procissões em direção ao Templo. Vendo tudo isso, o que faz o rei, que antes fora tão fértil em recursos, tão decisivo em conselho, tão rápido em ação? Nada. A sua única arma é a oração: "Eu, porém, invocarei a Deus, e o SENHOR me salvará. À tarde, pela manhã e ao meio-dia, farei as minhas queixas e lamentarei; e ele ouvirá a minha voz" (vv.16-17). Ele permite que tudo cresça à medida que se desapruma, e apenas deseja estar fora de toda a desgastante série de problemas. "Quem me dera ter asas como a pomba! Voaria e acharia descanso. Eis que fugiria para longe e ficaria no deserto. Depressa eu me abrigaria do vendaval e da tempestade" (vv.6-8). O abatimento gerado por sua doença, seu amor por seu filho indigno, sua consciência de pecado e sua submissão ao castigo por intermédio de alguém "de sua própria casa" (2SM 12:11), conforme Natã profetizara, mantiveram-no quieto, embora visse o conluio enrolando sua rede ao seu redor. E, ainda que subjugado e entristecido, nessa submissão paciente não há a falta da confiança, que encontra expressão nas últimas palavras de seu salmo do sobrecarregado: "Lance os seus cuidados sobre o SENHOR e ele o susterá [...] confiarei em ti" (vv.22-23).

Quando o golpe é, por fim, desferido, a mesma aquiescência passiva àquilo que ele sentia ser o castigo divino é muito notável. Absalão foge para Hebrom e ergue o estandarte da revolta. Quando as notícias chegam a Jerusalém, o único pensamento do rei é a fuga imediata. Ele está quase que covardemente ansioso para escapar e está preparado para ceder a tudo sem resistir. Parece que apenas um toque era necessário para derrubar seu trono. Davi se apressa nos preparativos para a fuga com nervosa celeridade. Não traça planos além daqueles de seus desejos anteriores de fugir e descansar. Ele tenta se despojar de seguidores. Quando os 600 homes de Gate (que estavam com ele desde seus primeiros dias na Filístia e envelheceram sob seu serviço) se tornaram a vanguarda de seu pequeno exército, ele implora ao corajoso Itai, o líder deles, que o deixasse como fugitivo e adorasse o sol nascente: "Volte e fique com quem vier a ser *o rei...*" (2SM 15:19, ênfase adicionada) — ele definitivamente considerava a coroa como já tendo passado de sua fronte. Os sacerdotes, com a arca, são enviados de volta; ele não é digno de ter o símbolo da presença divina identificado com sua causa duvidosa e está preparado para se submeter, sem um murmúrio sequer, se Deus disser: "Não tenho prazer em você" (2SM 15:26). Com a cabeça coberta e os pés descalços, sobe a encosta do monte das Oliveiras e, talvez, virando na mesma curva no caminho da montanha rochosa por onde o verdadeiro Rei, chegando à cidade, chorou enquanto via suas reluzentes muralhas e elevados pináculos por entre o estreito vale, o rei descoroado e todos os seus seguidores irromperam em choro intenso enquanto observavam pela última vez a capital perdida e depois, com seus sufocantes soluços, contornaram a encosta da montanha e viraram sua face para a fuga desesperada. Passando através do território da tribo de Saul, um caminho perigoso para ele percorrer — o ódio acumulado do coração de Simei aflora em discurso. Com a veemência característica do Oriente, ele amaldiçoa e atira pedra e pó no êxtase de sua fúria, tropeçando por entre as rochas acima da encosta do estreito vale, enquanto se mantém lado a lado com o pequeno bando abaixo. Terá Davi se lembrado de como o marido de quem ele separara Mical a havia seguido a esse mesmo lugar e de lá fora enviado de volta, chorando, para seu solitário lar? A lembrança, por mais vaga que fosse, de males recentes e outros mais, incitou sua mansa resposta: "Deixem que amaldiçoe! Pois, se o Senhor lhe disse: 'Amaldiçoe Davi', quem poderia perguntar: 'Por que você está fazendo isso?'" (2SM 16:10).

A primeira força do desastre se desvaneceu e, quando ele estava a salvo do outro lado do Jordão, nos livres planaltos de Basã, seu espírito se recuperou. Permaneceu em Maanaim, o local onde seu grande ancestral, em circunstâncias de certa forma análogas às dele, tivera a visão de "anjos de couraças reluzentes"[4] em formação de guerra para a defesa dele mesmo

---

[4] N.T.: Trecho do verso final do poema *On the morning of Christ's Nativity* (Na manhã do nascimento de Cristo), de John Milton (1608–74).

e de seu pequeno bando e chamara aquele local de "dois acampamentos"[5]. Possivelmente essa antiga história ajudou a animá-lo, como a deserção de Aitofel da conspiração certamente faria. À medida que o tempo passava, ficava cada vez mais óbvio que os líderes da rebelião eram "instáveis em propósito"[6] e que, a cada dia de adiamento da batalha, em si, diminuíam as suas chances de sucesso, como aquele conselheiro político previra tão nitidamente. Independentemente de qual fora a razão, fica evidente, quando Davi chega a Maanaim, que ele havia resolvido não ceder sem lutar. Ele embainha sua espada, mais uma vez, com alguma animação daqueles primeiros dias, e a luz do valor cheio de confiança brilha novamente em seus olhos envelhecidos.

---

[5] N.T.: Esse é o significado de *Maanaim*, no hebraico.
[6] N.T.: Fala de Lady Macbeth (2.2.57), na peça *Macbeth*, de William Shakespeare (tradução livre).

CAPÍTULO 14

As canções do fugitivo

Os salmos que provavelmente pertencem ao período da rebelião de Absalão correspondem bem a impressão quanto ao ânimo de Davi que pode ser visto nos livros históricos. A confiança em Deus e a submissão à Sua vontade são fortemente expressas neles, e podemos quase discernir um progresso a respeito disso à medida que tal rebelião cresce. Esses aspectos brilham cada vez nas trevas que se aprofundam. Do mais profundo abismo, as estrelas são vistas mais claramente. Davi encontra-se muito mais leve quando está novamente exilado no deserto, quando as máscaras da conspiração e da trapaça caem e o perigo se posta de pé nitidamente diante dele. Como um belo barco que parte do amparo do cais, o primeiro golpe das ondas o balança para o lado e o estremece como um ser vivo que se recupera de algo aterrorizante; no entanto, ele se ergue acima das agitadas vagas e continua seu curso. Podemos encaixar nesse período, com uma boa dose de probabilidade, os Salmos 3, 4, 25, 61, 62, 63 e 143 (e, questionavelmente os Salmos 25, 28, 58 e 109).

Os dois primeiros formam um par. O primeiro é um hino para a manhã; o segundo, um hino para a noite. O pequeno bando está acampado na estrada a caminho de Maanaim, sem ter um teto, além das estrelas, e sem paredes, a não ser o braço de Deus. No *Salmo 3*, o rei destituído canta, ao acordar em seu acampamento noturno. Primeiramente, ele derrama sua queixa quanto aos seus adversários, que são descritos como "muitos", e que diziam: "Não há em Deus salvação para ele" (v.2). Palavras que correspondiam plenamente à temível dimensão da revolta que enfrentava e à crença que movia os conspiradores, o que fez parecer possível até mesmo para Davi, que seu pecado havia afastado o auxílio celestial de sua causa. A tais afirmações de maldade e ódio confiante, Davi as combate com a convicção que havia, novamente, enchido sua alma: até mesmo em meio ao perigo real e ao choque da batalha, Iavé era seu "escudo protetor" (v.3). Ele fugira de Jerusalém com a cabeça curvada e coberta; porém Deus é "o que exalta a [sua] cabeça" (v.3). Davi, estava exilado do tabernáculo em Sião e enviara a arca de volta ao seu descanso; contudo, embora tivesse de clamar a Deus do outro lado do Jordão, o Senhor o respondeu "do seu santo monte" (v.4).Ele e seus soldados acampavam em meio aos perigos, mas um Ajudador que não descansa montou guarda sobre seu sono indefeso. "Eu me deito e pego no sono…" (v.5) lá, entre os ecos das montanhas, "…acordo, porque o Senhor me sustenta" (v.5). Outra noite passou sem o brado repentino dos rebeldes quebrando o silêncio, ou o reluzir de suas espadas sob a luz das estrelas.

A experiência da proteção divina o anima a enfrentar até mesmo a gama de seus inimigos ao seu redor, acerca dos quais lhe dói pensar que são "povo" de Deus, e ainda assim, seus adversários. E, então, move-se, em força renovada de fé, à sua única arma: a oração e, mesmo antes da batalha, avista a vitória, e o poder divino fraturando o queixo e quebrando os dentes das feras selvagens que o caçam. Entretanto, seu último pensamento não é de retribuição ou de medo, pois ele mesmo se ergue à altura da confiança serena: "Do SENHOR é a salvação" (v.8), e quanto aos seus inimigos e toda a nação que se levantara contra ele, seus pensamentos são dignos de um verdadeiro rei, livre de toda a animosidade pessoal, e as palavras de Davi são a oração concebida no espírito daquele cujo último suspiro foi de intercessão por Seus rebeldes súditos, que haviam crucificado o seu Rei: "A tua bênção esteja sobre o teu povo!" (v.8).

O *Salmo 4* é o hino noturno que o acompanha. Sua primeira porção (vv.2-4) parece ser um protesto dirigido, como se aos líderes da revolta: "filhos dos homens" é o equivalente a "pessoas de *status* e dignidade". É a vívida expressão, mais espontânea de tal natureza, de seu doloroso sentimento sob tais caluniadores. É também a manifestação de esperança e desejo para eles, de que algum pensamento calmo, nessas horas quietas da noite que caem sobre o mundo, possa guiá-los a um serviço mais nobre e à dependência de Deus. Assim, de modo tão perdoador e amoroso, Davi pensa acerca de seus inimigos, logo antes de se deitar para dormir, desejando que a paz da meditação contemplativa repouse sobre eles em seus leitos: "consultem no travesseiro o coração e sosseguem" (v.4), e o dia dos alarmes de guerra seja findo pelo temor a Deus.

A segunda parte diz respeito a ele mesmo e a seus seguidores, entre os quais, podemos supor, alguns corações temerosos estavam começando a desanimar; e para eles, bem como ao próprio inimigo, Davi seria com alegria o portador de uma disposição mental melhor. "Há muitos que dizem: 'Quem nos dará a conhecer o bem?'" (v.6). Ele os afastará da vã busca que fazem no horizonte que os cerca, ao nível de seus olhos, ao lhes mostrar o socorro. Eles devem olhar para o alto, não ao redor deles. Devem transformar o questionamento deles, que apenas aguarda uma resposta negativa, em uma oração, forjada como aquela antiga bênção sacerdotal tripla (veja NÚMEROS 6:24-26). A própria experiência de Davi irrompe de modo irrefreável. Pois ele mesmo orara em seu momento de aflição: "Faze-me ouvir júbilo e alegria..." (SL 51:8); e sua súplica fora ouvida, se não antes, pelo menos agora, quando o perigo o trouxera para mais perto de Deus, e a confiança atraíra Deus para mais perto dele. Em sua calamidade, como é sempre o caso das almas devotas, a sua alegria cresceu, da mesma forma que o fogo grego[1] queima mais intensamente sob a água.

Portanto, esse pobre soberano, destituído e alimentado pela caridade dos chefes dos pastores em Gileade, canta: "Mais alegria me puseste no coração do que a alegria deles, quando eles têm fartura de cereal e de vinho" (SL 4:7). E com que tranquilidade esse salmo é encerrado, parece se embalar para dormir: "Em paz me deito e logo pego no sono, porque só tu, SENHOR, me fazes repousar seguro" (v.8). A segurança

---

[1] N.T.: Uma mistura inflamável que queima mesmo em contato com a água. Era uma arma usada pelos bizantinos.

crescente que a experiência do cuidado de Deus sempre deveria trazer é belamente marcada pela variação na frase semelhante no salmo anterior (3:5). Lá, Davi registra, agradecido, que se deitava e dormia; aqui, promete a si mesmo que se deitará "em paz", e não apenas isso, mas que, uma vez que esteja deitado, dormirá — não será mantido acordado por ansiedades, por nenhum pensamento amargo, mas, por mais que esteja desabrigado e em perigo, fechará seus olhos, como uma criança cansada, sem preocupação alguma ou temor, e dormirá imediatamente, com o aconchego e a proteção dos braços de seu Pai o envolvendo.

Esse salmo novamente ecoa o alegre acorde da confiança, que havia adormecido nas cordas de sua harpa, desde os felizes dias de suas primeiras provações. Esse acorde é despertado de novo quando a rude explosão de calamidade assola Davi e os seus mais uma vez.

O *Salmo 63* é, pelo subtítulo, referido ao tempo em que Davi estava "no deserto de Judá", o que levou muitos leitores a pensar em sua longa estada nesse local durante a perseguição instaurada por Saul. Todavia, esse salmo certamente pertence ao período de seu reinado, como fica óbvio nas palavras "*o rei* se alegrará em Deus" (v.11, ênfase adicionada). Assim sendo, ele deve pertencer à sua breve permanência no mesmo deserto em sua fuga para Maanaim, quando, como lemos em 2 Samuel: "Este povo no deserto está faminto, cansado e sedento" (17:29). Há um belo progresso de pensamento nele, que fica muito evidente se observarmos a tripla ocorrência das palavras "minha alma" e suas várias conexões — "A minha alma tem sede de ti" (SL 63:1); "assim se farta a minha alma" (v.5); "A minha alma apega-se a ti" (v.8); ou, em outras palavras, o salmo é uma transcrição do percurso da alma que acredita, desde o anseio, passando pela fruição, até a firme confiança, na qual é sustentada pela destra de Deus.

A primeira dessas emoções, que é muito natural ao fugitivo em seu pesar, é expressa com singular beleza poética inspirada na monotonia cinzenta e áspera da terra sem água na qual ele estava. Um dos viajantes mais precisos, e menos criativo, descreve-a nesses termos: "Não havia sinais de vegetação, com a exceção de uns poucos caniços e juncos e, aqui e ali, uma tamargueira". Essa terra solitária, ressequida pela seca, como se fendendo-se com lábios rachados em busca da chuva que não vem, é a imagem do doloroso anseio de Davi pela Fonte de águas vivas. Assim como seus soldados se arrastavam pelas escaldantes margas, esmorecendo de sede e não encontrando nada nos leitos secos dos rios, da mesma forma ele anelava pelo refrescar da graciosa presença divina. Então, Davi se lembra de como, nos dias mais felizes, ele tivera os mesmos desejos e que eles haviam sido satisfeitos no Tabernáculo. Quanto a isso, estas são as palavras que ele expressa: "Assim, quero ver-te no santuário, para contemplar a tua força e a tua glória" (v.2). No deserto e no santuário, seu anelo era o mesmo, mas, no passado, ele pôde contemplar o símbolo que carregava o nome, "a glória", e agora Davi vagueia longe dele. Com que beleza esse pesaroso senso da ausência da arca e o anseio por ela é ilustrado por estas inimitáveis e comoventes palavras da resposta do fugitivo aos sacerdotes que desejavam compartilhar com ele de seu exílio. "Então o rei disse a Zadoque: —Leve a arca de Deus de volta para a cidade. Se eu encontrar favor aos olhos do Senhor, ele me fará voltar para lá e me deixará ver tanto a arca como a sua habitação" (2SM 15:25).

O cumprimento é contemporâneo ao anelo. A celeridade da resposta é lindamente indicada na rápida mudança com a qual o salmo passa do lamurioso desejo ao exuberante êxtase da fruição. Em um respirar: "A minha alma tem sede"; no outro: "assim se farta a minha alma" — como quando a chuva desce em terras tropicais, e, em um ou dois dias, o que fora terra ressequida transforma-se em um lindo prado, e os leitos secos dos rios, onde as pedras reluziam sob o Sol, espumam com as águas correntes e são margeados por rebentos de salgueiros. A plenitude de contentamento, quando Deus enche a alma, é vividamente expressa na imagem familiar dos banquetes com "saborosa comida" (v.5), então, plenamente satisfeito, ele se farta até mesmo enquanto está faminto no deserto. Os abundantes deleites da comunhão com Deus tornam Davi insensível às privações exteriores, são bebida para sua sede, comida para sua fome, um lar em suas peregrinações, uma fonte de alegria e música em meio ao que lhe era muito deprimente. Por isso, ele declara: "...com júbilo nos lábios, a minha boca te louva" (v.5). O pequeno acampamento tinha de manter sagaz vigília contra os ataques noturnos; e há uma leve ligação, muito natural sob tais circunstâncias, entre os salmos desse período, ao terem todos alguma referência às perigosas horas da noite. Nós o encontramos deitando-se para dormir em paz; aqui ele acorda, não para se precaver de hostis surpresas, mas no silêncio sob as estrelas, para pensar em Deus e sentir novamente a plenitude de Sua suficiência. São os pensamentos alegres, e não os temores, que mantêm seus olhos despertos: "no meu leito, quando de ti me recordo" (v.6).

A fruição encoraja um renovado exercício de confiança, no qual Davi se sente sustentado por Deus e prevê a derrota de seus inimigos e seu próprio triunfo. A sentença: "A minha alma apega-se a ti" (v.8) é admirável. Nela as metáforas da fidelidade persistente e do ávido caminhar ao lado são mescladas para expressar as duas "fases da fé", que, na realidade, é apenas uma: a união com Deus e a busca por Ele. É a posse que busca, ou seja, a busca que possui Aquele que foi agarrado e desejado pela criatura finita, cuja pequenez, embora estreita, ainda pode ser abençoada por se tornar habitação de Deus. Contudo, tanto a expansão da capacidade como a do desejo por Ele podem conter apenas um fragmento da totalidade de Sua presença. A partir de tal exaltação de excelsa comunhão com Deus, Davi olha para sua realidade presente e para o futuro obscuro: seus inimigos afundando, como Coré e seus rebeldes, na terra que se fende, ou espalhados na luta, aos quais os famintos chacais, farejando ao redor do acampamento no deserto, devoravam seus cadáveres; ao passo que ele, novamente "rei", se regozijará em Deus e, na companhia de seus fiéis seguidores, cujos lábios e coração foram sinceros com Deus e Seu ungido, se gloriará no livramento que, pelo arbitramento da vitória, fez os rebeldes engolirem as suas calúnias e os estrangulou com suas próprias mentiras.

Nosso espaço nos impede de fazer mais do que uma breve referência ao *Salmo 62*, que também parece pertencer a essa época. Ele tem muitos pontos em comum com os abordados anteriormente, por exemplo: a expressão "filhos do homem", no sentido de "os de fina estirpe" (v.9); "minha alma", como equivalente a "mim mesmo", e ainda como um tipo de personalidade à parte, que ele pode investigar e exortar; o significativo uso do termo "povo", e as exortações duplas (a seus devotos seguidores e aos arrogantes inimigos). Todo o tom é o de uma resignação paciente, caraterística de Davi que encontramos nesse período. As primeiras palavras são as notas mestras do todo: "Somente em Deus a minha alma espera silenciosa" (v.1) — tudo é uma grande quietude de submissa espera no Senhor. Foi a crise de seu destino, no suspense do incerto início da rebelião, que essas palavras, cujo som tem acalmado muitos corações desde então, brotaram em seus lábios. A expressão de fé inabalável e paz ininterrupta é bastante salientada pela frequente recorrência da palavra que é traduzida variadamente como "somente", "só", "certamente"[2]. Ela carrega a força da afirmação confiante, como o "em verdade" do Novo Testamento, e é aqui mais significativamente prefixada às asserções de sua paciente resignação (veja v.1), de sua segurança em Deus (veja v.2); das intenções de seus inimigos (veja v.4); da resignação que sua alma já está exercendo (veja v.5); da sua triunfante reiteração quanto a suficiência da proteção de Deus. Quão belamente, também, essa reiteração — quase uma repetição verbal — das palavras de abertura fortalece a impressão da habitual confiança de Davi. É como se sua alma murmurasse repetidamente para si mesma, em seu silêncio, os benditos pensamentos. Seus ecos assombram seu espírito "delongando-se e vagando, como que relutando em morrer"[3]; e se, por um momento, a visão de seus inimigos perturba seu fluxo, basta lançar a eles uma pergunta indignada: "Até quando vocês atacarão um homem, todos vocês, para o

---

[2] N.T.: Conforme versão *Almeida Revista e Corrigida*. Na *Nova Almeida Atualizada*, versão aqui utilizada, a tradução fica apenas como "só" ou "somente".

[3] N.T.: Tradução livre de um verso do poema *Inside Of King's College Chapel, Cambridge* (Dentro da Capela do King's College, Cambridge), de William Wordsworth, poeta inglês (1770–1850).

derrubarem, como se fosse uma parede pendida ou um muro prestes a cair?" (v.3); e, com um rápido olhar para as conspirações e palavras amargas deles, Davi retorna a seu calmo contemplar de Deus. Cheio de amor, ele acumula alegres expressões dirigidas ao Senhor, que, em suas figuras, bem como em suas repetições, lembram-nos das antigas canções do fugitivo: "minha rocha" em quem me escondo; "a minha salvação" (v.2), que é ainda melhor do que "dele vem a minha salvação" (v.1); "meu alto refúgio" (v.6), "a minha glória; ele é a minha forte rocha e o meu refúgio" (v.7). Tantas fases de suas necessidades e da suficiência de Deus a ele, assim reunidas, contam o quanto a segurança de Davi em Iavé era familiar aos pensamentos e à experiência real do ancião fugitivo. Os 30 anos desde que havia perambulado no deserto pela última vez haviam confirmado a fé de suas primeiras canções e, embora os ruivos cachos do jovem líder estivessem agora prateados pelas cãs, e os pecados e tristezas o tivessem entristecido, ainda assim ele pode reassumir, com significado ainda mais profundo, os tons de seu antigo louvor e permitir que a experiência da idade sele com o seu "em verdade" as esperanças da juventude. As exortações a seu povo para que se unissem a ele em fé, e a garantia de que Deus também era um refúgio para eles, com solenes alertas aos rebeldes, encerram esse salmo de alegre submissão. Ele é notável pela ausência de petições. Davi não precisa de nada além do que já possui. Como o salmo que o acompanha diz: a sua alma está "farta". A comunhão com Deus tem seus momentos de tranquila bênção, quando o desejo é saciado e expira em pacífica fruição.

Deixaremos de lado os demais salmos do referido período. O mesmo tom geral permeia todos eles. Em muitas particularidades, eles se assemelham bastante àqueles do período da perseguição empreendida por Saul. Contudo, a semelhança falha muito significativamente em um ponto: a afirmação enfática de sua inocência já não existe mais. Ele certamente é perdoado, purificado, consciente do favor divino e capaz de se regozijar nele. Pois ao levar até o fim a lembrança de sua dolorosa queda e senti-la toda de modo mais penitente, a convicção do perdão divino tornou-se mais evidente a ele. Que nos recordemos de que há pecados que, uma vez cometidos, deixam seus traços na memória e na consciência, pintando formas indeléveis nas paredes de nossas "câmaras de imaginação" e transmitindo resultados que a remissão e a santificação não obliteram completamente, pelo menos não nesta Terra. Que a oração da juventude de Davi seja a nossa: "Também da soberba guarda o teu servo; que ela não me domine. Então serei irrepreensível e ficarei livre de grande transgressão" (SL 19:13).

Não está dentro do escopo deste livro tratar da supressão da revolta de Absalão, nem dos 10 anos que restaram a Davi após sua restauração ao trono. Não parece que o saltério contenha salmos que lancem luz sobre os, de alguma forma, obscuros anos de encerramento de seu reinado. Na realidade, há um salmo atribuído a Davi que é, até certo ponto, obra de um idoso — uma terna canção na qual a doce sabedoria condensou suas lições finais — um fragmento dele pode substituir qualquer resumo de sua vida que possamos fazer.

Confie no SENHOR e faça o bem;
habite na terra e alimente-se da verdade.

Agrade-se do SENHOR,
e ele satisfará os desejos do seu coração.

Entregue o seu caminho ao SENHOR *[...]*
Descanse no SENHOR *e espere nele [...]*

Fui moço e agora sou velho,
porém jamais vi o justo desamparado [...]

Vi um ímpio prepotente
expandir-se como um cedro do Líbano.
Passei, e eis que havia desaparecido;
procurei-o, e já não foi encontrado.
SALMO 37:3-5,7,25,35-36

Será que não podemos aplicar estas palavras a Davi: "Observe aquele que é íntegro e reto; porque o futuro dele será de paz" (v.37), ouvindo-o nos chamar para observá-lo enquanto ele repousa em seu leito de morte — perturbado pelas ignóbeis intrigas de herdeiros famigerados — após muitas tempestades, aproximando-se do porto; depois de tantas vicissitudes, perto do lar imutável; após tantas lutas, descansando tranquilamente na presença de Deus? Em sua calma opalina, como a luz fluida do crepúsculo, todos os incandescentes esplendores do dia quente se dissolveram. A música de suas canções termina em "paz"; como quando um mestre cativa nossos ouvidos com tons tão sutis, que dificilmente conseguimos diferenciar o som do silêncio, até que a vibração dos ruídos comuns, que essa suave doçura havia apagado, reverbera novamente.

Um acorde de maior ânimo é preservado para nós nos livros históricos, que profetizam acerca do verdadeiro Rei, acerca de quem as próprias falhas e pecados de Davi, do mesmo modo que sua consagração e vitórias, haviam lhe ensinado a aguardar. Os olhos moribundos veem no horizonte do futuro distante a forma daquele que será um governante justo e perfeito; diante da luz de cuja presença, e do frescor de tal influência, a vegetação e a beleza vestirão o mundo. À medida que as sombras se aproximam, a radiante glória vindoura ilumina tudo para Davi. Ele parte em paz, tendo contemplado a salvação ao longe. Era adequado que essa plenitude de suas profecias devessem ser seus últimos acordes, como se o êxtase que agitara as trêmulas cordas as tivesse partido em duas.

E, então, para a Terra, a voz mais preciosa que Deus afinara para Seu louvor foi silenciada, e a harpa do filho de Jessé fora colocada pendente, intocada, sobre seu túmulo. Contudo, para ele, a morte era a última e melhor resposta de Deus à sua oração: "Abre, Senhor, os meus lábios..." (SL 51:15). E, enquanto a gélida, mas amorosa, mão o liberta das fraquezas da carne e o conduz entre os corais celestiais, quase podemos ouvir a sua antiga ação de graças irrompendo de seu coração à sua indelével voz: "me pôs nos lábios um cântico novo" (SL 40:3), cujas melodias, livres da tristeza dos tons menores de queixa, penitência e dor, eram ainda mais nobres e doces do que os salmos que entoou aqui, e deixados para ser o consolo e o tesouro para as gerações de todos os tempos.

Se você gostou desta leitura, compartilhe com outros!

- Presenteie alguém com um exemplar deste livro.
- Mencione-o em suas redes sociais.
- Escreva uma avaliação sobre ele em nosso site ou no site da loja onde você o adquiriu.
- Recomende este livro para a sua igreja, clube do livro ou para seus amigos.

Ministérios Pão Diário valoriza as opiniões e perspectivas de nossos leitores. Seu *feedback* é muito importante para aprimorarmos a experiência de leitura que nossos produtos proporcionam a você.

Conecte-se conosco:

Instagram: paodiariooficial
Facebook: paodiariooficial
YouTube: @paodiariobrasil
Site: www.paodiario.org

Ministérios Pão Diário
Caixa Postal 9740
82620-981 Curitiba/PR

Tel.: (41) 3257-4028
WhatsApp: (41) 99812-0007
E-mail: vendas@paodiario.org

Escaneie o QR Code e conheça todos os outros materiais disponíveis em nosso site:

publicacoespaodiario.com.br